Addieren und Subtrahieren

1 Setze das richtige Zeichen: + − .

a) 8 ◯ 6 = 14
19 ◯ 8 = 11
7 ◯ 9 = 16

b) 17 ◯ 9 = 8
15 ◯ 6 = 21
28 ◯ 5 = 23

c) 32 ◯ 7 = 39
29 ◯ 9 = 20
41 ◯ 3 = 38

2
a) 50 + 20 = ☐
40 + 30 = ☐
10 + 60 = ☐
70 + 20 = ☐

b) 30 + ☐ = 70
20 + ☐ = 90
60 + ☐ = 80
50 + ☐ = 90

c) 50 − 40 = ☐
80 − 30 = ☐
90 − 70 = ☐
60 − 30 = ☐

d) 60 − ☐ = 10
90 − ☐ = 50
40 − ☐ = 30
70 − ☐ = 20

3 Setze das richtige Zeichen: < = > .

a) 40 ◯ 70
30 ◯ 20
16 ◯ 60
80 ◯ 28

b) 24 ◯ 42
59 ◯ 58
18 ◯ 0
76 ◯ 76

c) 93 ◯ 99
27 ◯ 27
36 ◯ 35
64 ◯ 46

d) 20 + 17 ◯ 36
38 + 11 ◯ 48
81 − 52 ◯ 39
74 − 35 ◯ 39

4 Verdopple oder halbiere.

Zahl	8	14		35		28		44
das Doppelte			46		90		62	

5

Summand	37	20	16		78	35
Summand	40		32	14		47
Summe		90		61	99	

Minuend	70	60		100	35	81
Subtrahend	50		4			57
Differenz		25	71	59	14	

6 Rechne vorteilhaft.

a) 27 + 25 + 3 = ☐
16 + 38 + 2 = ☐
21 + 14 + 9 = ☐
46 + 21 + 4 = ☐

b) 43 + 13 + 7 = ☐
54 + 11 + 6 = ☐
25 + 25 + 8 = ☐
30 + 16 + 30 = ☐

c) 32 + 15 + 8 = ☐
68 + 12 + 9 = ☐
14 + 21 + 16 = ☐
41 + 17 + 9 = ☐

1 a) 32 + 45 = ☐ b) 28 + 19 = ☐
18 + 52 = ☐   16 + 27 = ☐
27 + 31 = ☐   25 + 38 = ☐
68 + 11 = ☐   63 + 31 = ☐
56 + 23 = ☐   39 + 22 = ☐

43 47 58 61 63 70 77 79 79 94

2 a) 36 − 13 = ☐ b) 61 − 42 = ☐
28 − 14 = ☐   82 − 16 = ☐
55 − 22 = ☐   75 − 38 = ☐
38 − 16 = ☐   32 − 19 = ☐
34 − 23 = ☐   41 − 25 = ☐

11 13 14 16 19 22 23 33 37 66

3 a)

+	13	9	27	51	38
35					
26					

35 39 44 48 53 62 64 73 77 86

b)

−	14	41	36	53	22
83					
92					

30 39 42 47 51 56 61 69 70 78

4 a) 38 + 25 = 63 → 63 − 33 = ☐ → ☐ − 17 = ☐ → ☐ + 49 = 62

b) 99 − 39 = ☐ → ☐ − 14 = ☐ → ☐ + 22 = ☐ → ☐ + 11 = ☐ → ☐ − 76 = 3

5 Rechenmauern:

Mauer 1: Basis 12, 27; mittlere Reihe 31, ☐; Spitze ☐

Mauer 2: Basis 16, ☐; mittlere Reihe 54, ☐; Spitze 81

Mauer 3: Basis 12, ☐, ☐; mittlere Reihe 21, 16, 24; Spitze ☐

6 Setze fort.

a) 3 — 6 — 12 — ☐ — ☐ — ☐ — 192

b) 100 — 85 — 70 — ☐ — ☐ — ☐ — ☐

7 1 — 4 — 8 — ☐ — ☐ — ☐ — ☐

Multiplizieren und Dividieren

1 a) 3 · 6 = b) 9 · 3 =   **2** a) 16 : 4 = b) 40 : 5 =
 7 · 2 = 5 · 6 =   21 : 3 = 63 : 9 =
 4 · 5 = 8 · 7 =   35 : 7 = 72 : 8 =
 2 · 8 = 5 · 10 =   18 : 2 = 36 : 4 =

3 a) · 3   b) · 9   c) : 4   d) : 7

5	
8	
	12
	18

3	
7	
	36
	81

40	
32	
	5
	7

49	
28	
	6
	8

4 a) 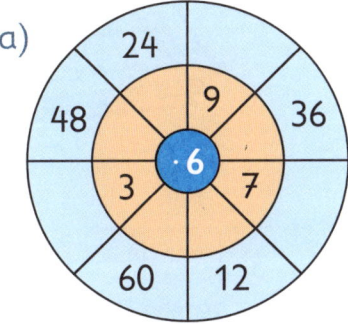      b)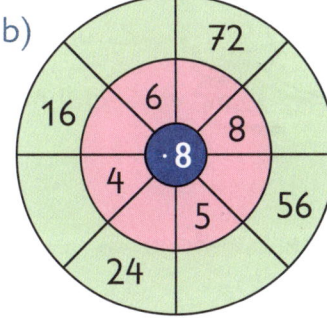

5 Finde zu den Würfelbauten eine passende Multiplikationsaufgabe.

a)    b)    c) 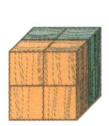   d)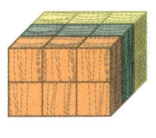

 ☐ · ☐ = ☐   ☐ · ☐ = ☐   ☐ · ☐ = ☐   ☐ · ☐ = ☐

6 a) 8 = 4 · ☐   b) 36 = ☐ · 4   c) 28 = ☐ · 7   15 = ☐ · 3
 12 = 2 · ☐   27 = ☐ · 3   81 = 9 · ☐   72 = 9 · ☐
 24 = 6 · ☐   32 = ☐ · 8   42 = ☐ · 6   56 = ☐ · 8

7 Die Maus hat Löcher in den Käse gefressen. Finde die fehlenden Zahlen.

Multiplizieren und Dividieren – Dividieren mit Rest

①
·	3		9	4	8
5		30			
9					

:	4	2		1	16
32					
16			2		

② 21 : 4 = 5 Rest 1 , denn 5 · 4 = 20 und 20 + 1 = 21

22 : 3 = ☐ Rest ☐ , denn _____

25 : 6 = ☐ Rest ☐ , denn _____

36 : 8 = ☐ Rest ☐ , denn _____

39 : 4 = ☐ Rest ☐ , denn _____

③

Vier Wochen haben ☐☐ Tage.

Sieben Wochen haben ☐☐ Tage.

Neun Wochen haben ☐☐ Tage.

Achtundzwanzig Tage sind ☐ Wochen.

Zweiundvierzig Tage sind ☐ Wochen.

Sechsundfünfzig Tage sind ☐ Wochen.

④ Max verteilt 24 Bonbons gerecht an 6 Kinder.

Frage: _____

_____

Aufgabe: ☐☐☐☐☐☐☐☐☐☐☐

Antwort: _____

⑤
3	·			=	24
·		:			:
		·	2	=	8
=		=			=
	:			=	

⑥ Vervollständige zu Quadraten. Schreibe die Multiplikationsaufgabe darunter.

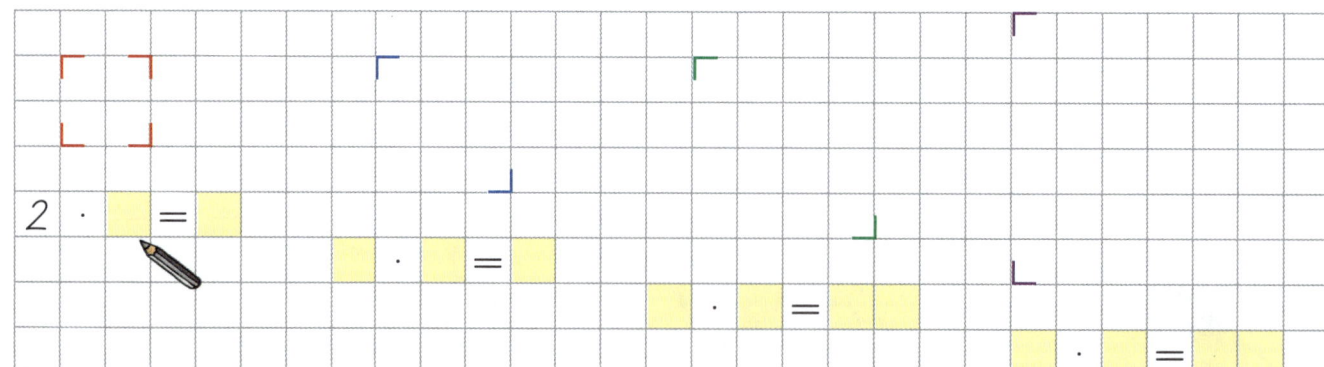

Addieren, Subtrahieren, Multiplizieren und Dividieren

1 Addieren oder subtrahieren?

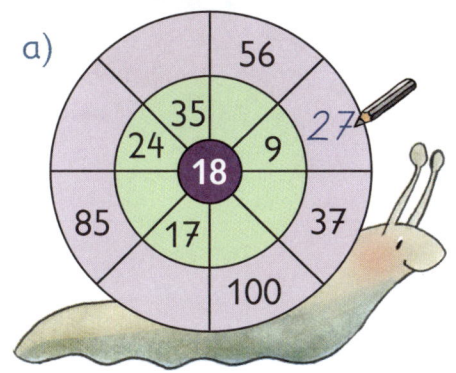
a)

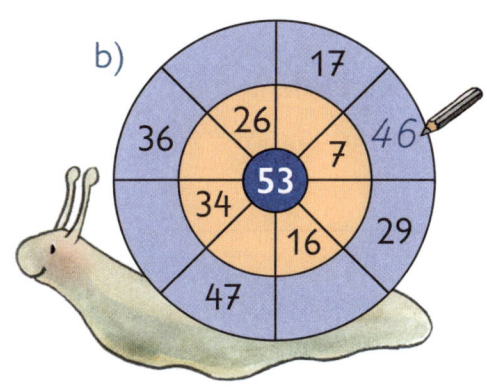
b)

2

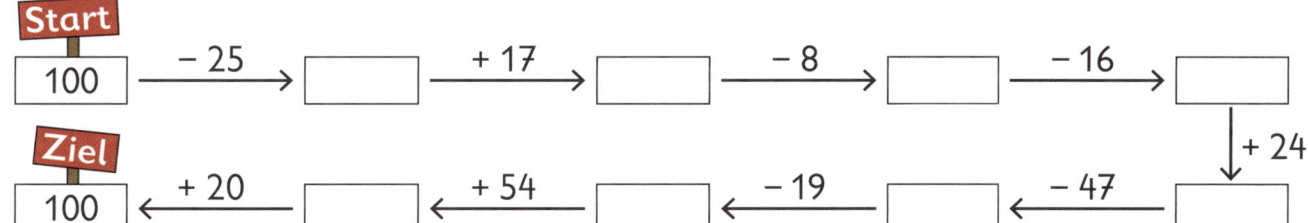

3 a) 3 · 9 =
6 · 7 =
8 · 5 =
6 · 6 =
2 · 8 =

b) 4 · ☐ = 24
8 · ☐ = 48
7 · ☐ = 28
☐ · ☐ = 64
☐ · ☐ = 25

4 a) 32 : 8 =
45 : 9 =
63 : 7 =
72 : 9 =
42 : 6 =

b) 64 : ☐ = 8
21 : ☐ = 3
56 : ☐ = 8
81 : ☐ = ☐
49 : ☐ = ☐

5 Finde die fehlenden Zahlen in den Einmaleins-Schlangen.

6 Eine große Sportgerätefirma spendet drei Grundschulen insgesamt 27 Hüpfsäcke, 36 Bälle und 42 Reifen. Jede Schule bekommt gleich viele Sportgeräte.

Frage: _____

Aufgaben: ☐☐☐☐☐☐☐☐☐☐☐☐☐☐☐☐☐☐☐☐☐☐☐☐☐☐☐☐☐☐☐☐☐☐☐☐

Antwort: _____

Sachaufgaben – Im Schulgarten

1 Tom und Ben helfen beim Aufladen der
Kisten mit den gepflückten Äpfeln.
Sie haben schon 18 Kisten aufgeladen.
Insgesamt müssen 35 Kisten verladen werden.

Frage: _____

Aufgabe:

Antwort: _____

2 Für die Bepflanzung der Rabatten am Weg wurden Blumenzwiebeln
angeliefert. In den Kartons waren Krokuszwiebeln für 36 Euro,
Tulpenzwiebeln für 16 Euro und Osterglockenzwiebeln für 27 Euro.

Frage: _____

Aufgabe:

Antwort: _____

3 Lisa und Max stecken Tulpenzwiebeln.
Sie legen 5 Reihen mit jeweils 8 Zwiebeln.

Frage: _____

Aufgabe:

Antwort: _____

4 Ben und Anna pflanzen insgesamt
56 Erdbeersetzlinge in 8 Reihen.

Frage: _____

Aufgabe:

Antwort: _____

Die Hunderterzahlen

1 a) Ordne. Beginne mit der kleinsten Zahl.   b) Beginne mit der größten Zahl.

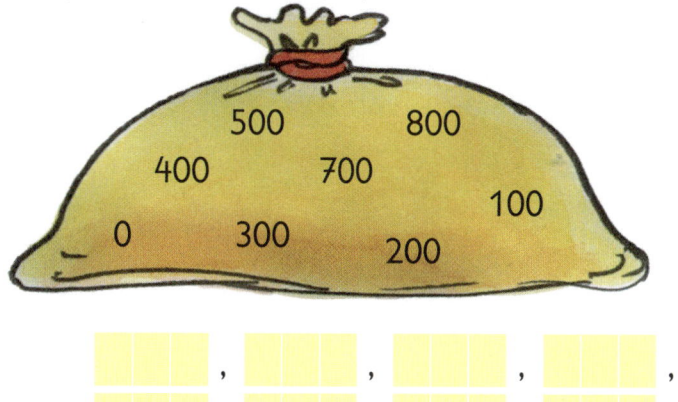

☐ , ☐ , ☐ , ☐ , ☐ , ☐ , ☐ .   ☐ , ☐ , ☐ , ☐ , ☐ , ☐ , ☐ .

2 a) Schreibe als Zahlwort.

100 einhundert

200 _____

400 _____

1 000 _____

b) Schreibe die Zahl.

_____ fünfhundert

_____ achthundert

_____ siebenhundert

_____ neunhundert

3 a)

Nachbar-hunderter	Zahl	Nachbar-hunderter
	300	
	700	
	500	

b)

Nachbar-hunderter	Zahl	Nachbar-hunderter
	600	
	800	
	900	

4 Nenne je zwei Hunderterzahlen, die zwischen den Zahlen liegen.

a) 200 und 600: ☐ , ☐   b) 300 und 1 000: ☐ , ☐

400 und 900: ☐ , ☐   400 und 800: ☐ , ☐

100 und 700: ☐ , ☐   0 und 300: ☐ , ☐

5 Setze das richtige Zeichen: < oder > .

a) 200 ○ 100   b) 400 ○ 600   c) 500 ○ 300   d) 700 ○ 200

300 ○ 400   200 ○ 400   800 ○ 900   900 ○ 400

500 ○ 600   300 ○ 800   900 ○ 100   500 ○ 1 000

Die Zehnerzahlen

1 Zähle in Zehnerschritten und schreibe auf.

a) 330 , ____ , ____ , ____ , ____ , ____ , 390

b) ____ , 490 , ____ , ____ , ____ , ____ , 540

c) 870 , ____ , ____ , ____ , ____ , ____ , 930

d) ____ , ____ , 510 , ____ , ____ , ____ , 470

Ich gehe in Zehnerschritten.

2 Schreibe die Zehnerzahl auf,

a) die zwischen 200 und 300 liegt und 4 Zehner hat.

b) die zwischen 500 und 600 liegt und 8 Zehner hat.

c) die zwischen 800 und 900 liegt und einen Zehner hat.

3

Nachbarzehner								
Zahl	340	580	230	620	740	470	800	950
Nachbarzehner								

4 Schreibe alle Zehnerzahlen in dein Heft, die zwischen den Zahlen liegen.

a) 320 und 380   b) 400 und 490   c) 830 und 900   d) 550 und 600

   140 und 200   610 und 680   920 und 1 000   700 und 800

5 Setze das richtige Zeichen: < oder > .

a) 310 ◯ 290   b) 420 ◯ 410   c) 900 ◯ 890   d) 280 ◯ 240

   540 ◯ 450   970 ◯ 790   710 ◯ 750   910 ◯ 970

6 Schreibe zu jeder Zahl das Zahlwort.

a) 450: _____

b) 230: _____

c) 510: _____

d) 660: _____

Du kannst im Wörterbuch nachsehen.

8

Alle Zahlen bis 1000

1 Ordne den Buchstaben die richtigen Zahlen zu.

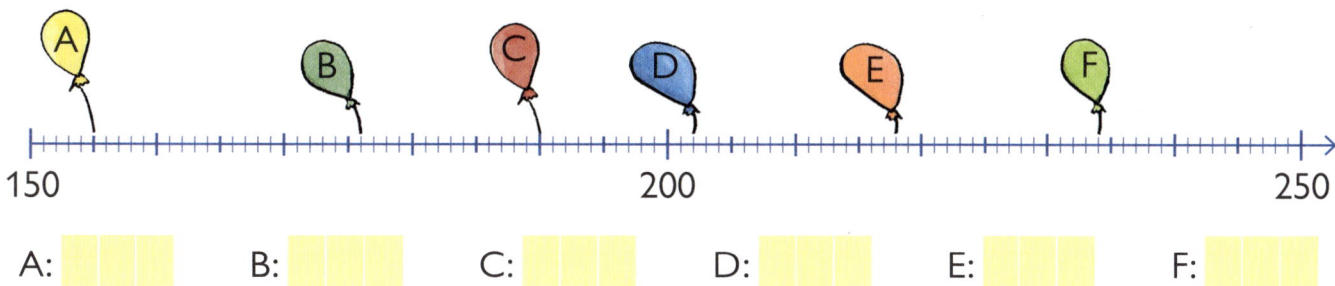

A: ☐ B: ☐ C: ☐ D: ☐ E: ☐ F: ☐

2 Schreibe die fehlenden Zahlen auf.

a) 437 , ☐ , ☐ , ☐ , ☐ , ☐ , ☐ , ☐ , 445
b) 595 , ☐ , ☐ , ☐ , ☐ , ☐ , ☐ , ☐ , 603
c) ☐ , ☐ , ☐ , 232 , ☐ , ☐ , ☐ , ☐ , 237
d) ☐ , ☐ , 190 , ☐ , ☐ , ☐ , 194 , ☐ , ☐

3 Schreibe das richtige Zahlwort zur Zahl.

a) 145: _____

b) 870: _____

c) 999: _____

d) 706: _____

Mein Wörterbuch hilft mir dabei.

4 Ergänze den Vorgänger (V), die Zahl (Z) und den Nachfolger (N).

a)
V	Z	N
	108	
	300	
	701	

b)
V	Z	N
	400	
	666	
	99	

c)
V	Z	N
		601
	500	
		778

d)
V	Z	N
223		
	801	
		924

5 Setze das richtige Zeichen: < oder > .

a) 188 ◯ 200   b) 426 ◯ 431   c) 578 ◯ 587   d) 209 ◯ 210
   337 ◯ 373   602 ◯ 610   749 ◯ 649   187 ◯ 157

6 Zahlen gesucht.

a) Die Zahl ist der Vorgänger von 510. _____

b) Die Zahl ist der Nachfolger von 999. _____

7 Die Zahl ist der Vorgänger der Zahl, die als Nachfolger die Zahl 201 hat.

☐

Geldwerte bis 1000 Euro

1 Lege 748 € auf unterschiedliche Weise. Trage jeweils die Anzahl der verwendeten Scheine und Münzen in die Tabelle ein.

500	200	100	50	20	10	5	1

2 Wie viel Euro sind es? Lege nach und trage den Betrag ein.

a)
100	50	10	5	1	Betrag
1	1	2	1	3	€
3	–	5	2	4	€
4	2	8	3	5	€
5	4	3	–	–	€

b)
200	100	50	20	2	1	Betrag
3	2	1	1	2	3	€
4	–	2	4	3	5	€
1	3	4	3	–	8	€
2	2	6	–	10	18	€

3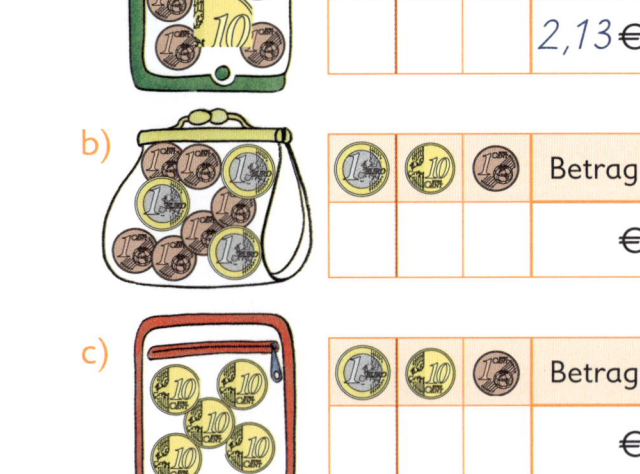

a)
1€	10ct	1ct	Betrag
			2,13 €

b)
1€	10ct	1ct	Betrag
			€

c)
1€	10ct	1ct	Betrag
			€

4

a)
10	1€	10ct	1ct	Betrag
				€

b)
10	1€	10ct	1ct	Betrag
				€

c)
10	1€	10ct	1ct	Betrag
				€

5 Ergänze.

138 ct	312 ct			800 ct	
1 € 38 ct		4 € 25 ct	4 € 8 ct		
1,38 €		7,90 €			0,06 €

Strecken und Punkte

1 a) Verlängere die Strecke $\overline{DE}$ um 45 mm. Benenne den neuen Endpunkt mit F.

b) Wie lang ist die Gesamtstrecke $\overline{DF}$?

$\overline{DF}$ = ☐ mm

c) Zeichne einen Punkt K, der zwischen D und E liegt, und einen Punkt L, der zwischen E und F liegt.

2 Verbinde die Punkte A, B, C und D so, dass ein Rechteck entsteht. Gib die Länge der Rechteckseiten in Zentimeter an. Färbe gleich lange Strecken in der gleichen Farbe.

D ×   × C

A ×   × B

$\overline{AB}$ = ☐ cm
____ = ☐ cm
____ = ☐ cm
____ = ☐ cm

3 a) Zeichne eine Strecke $\overline{EF}$ = 12 cm.

b) Zeichne auf dieser Strecke einen Punkt M so ein, dass zwei Strecken $\overline{EM}$ und $\overline{MF}$ entstehen, die gleich lang sind.

c) Gib die Länge der Strecken in Millimeter an: $\overline{EM}$ = ☐ mm; $\overline{MF}$ = ☐ mm

4 Wie viele Strecken findest du an den Figuren?
Gib die Länge der Strecken in Millimeter an. Schreibe so: $\overline{FG}$ = ☐ mm

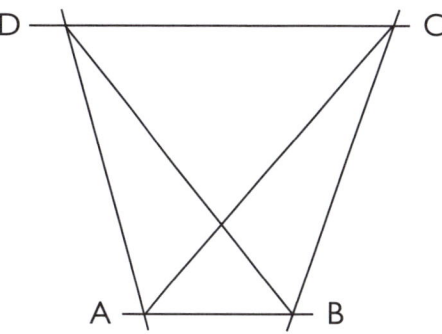

a) _____

b) _____

Strecken, die zueinander parallel sind

1 Zeichne Strecken, die zueinander parallel sind, mit gleicher Farbe nach.

2 Zeichne zu jeder Strecke zwei parallele Strecken mit dem Geodreieck.

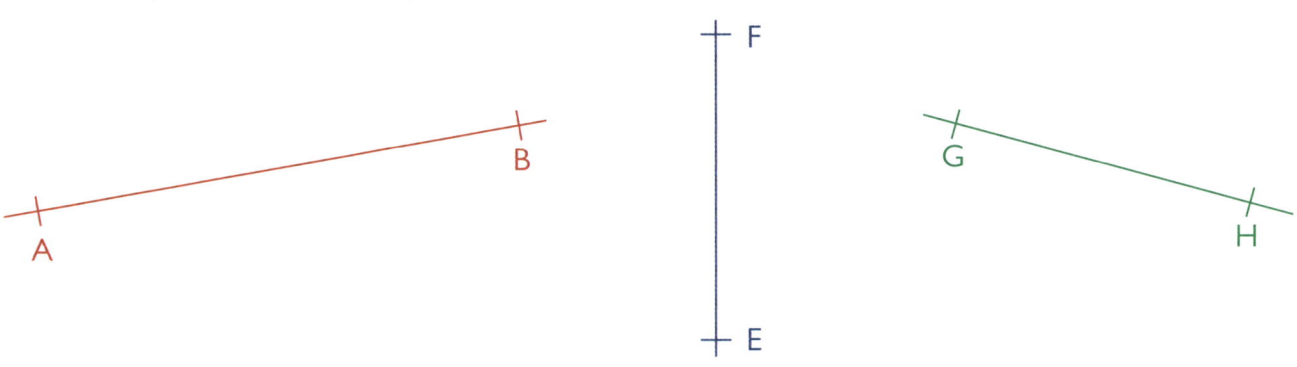

3 Zeichne das Spinnennetz weiter.

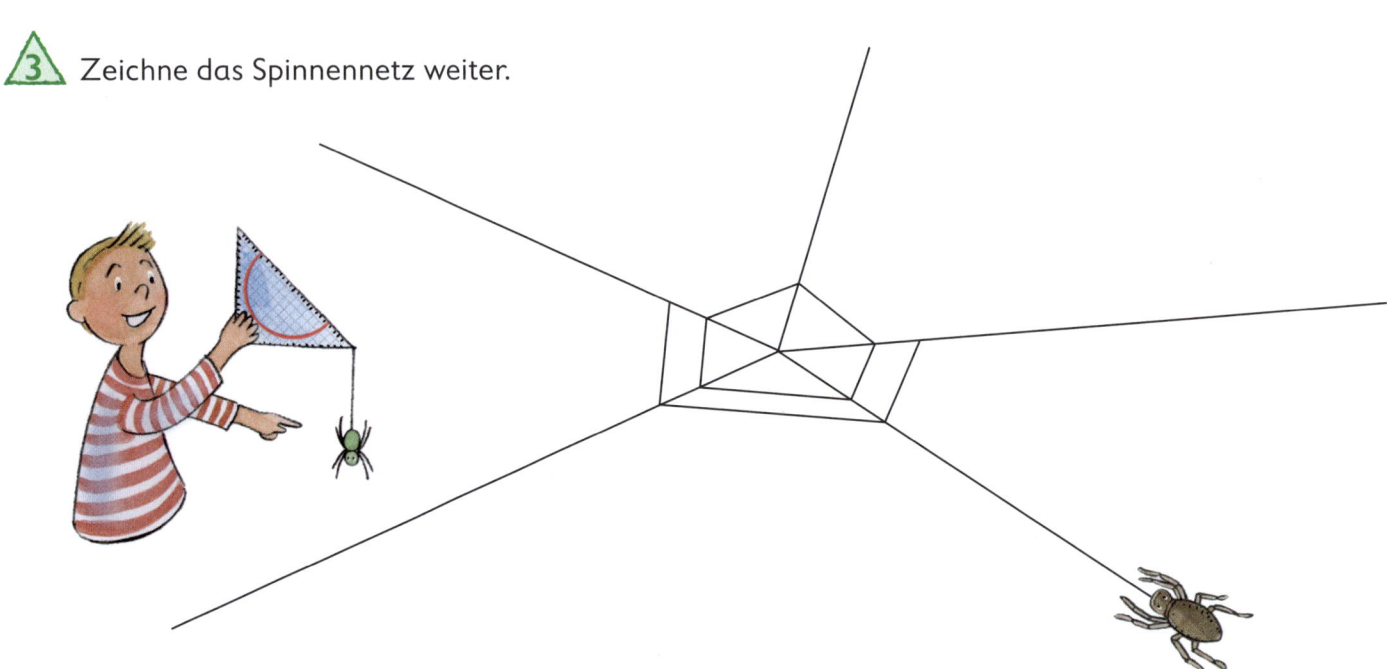

1: Parallele Strecken erkennen und nachziehen   2: Zu den gegebenen Strecken jeweils zwei parallele Strecken zeichnen
3: Parallele Linien erkennen und zum Netz weiterführen

Strecken, die zueinander senkrecht sind

1) Zeichne zu jeder Strecke eine Strecke, die senkrecht zu dieser ist.

a)

b)

c)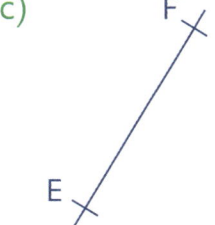

d)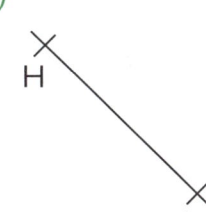

2) Welche Strecken sind senkrecht zueinander? Schreibe so: $\overline{AB}$ ist senkrecht zu _____

a)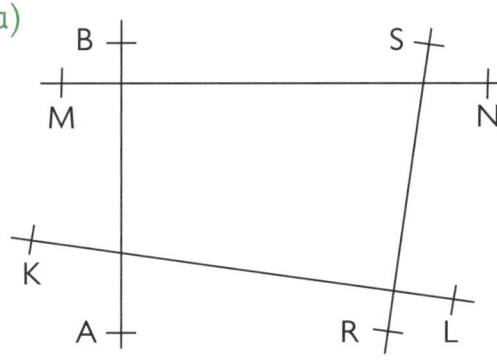

b)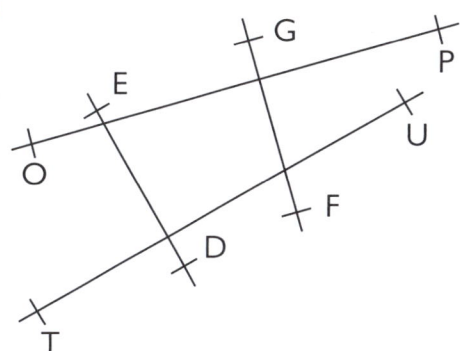

a) _____

b) _____

3) Überprüfe mit dem Geodreieck, welche Strecken zueinander senkrecht sind. Färbe diese Strecken.

a)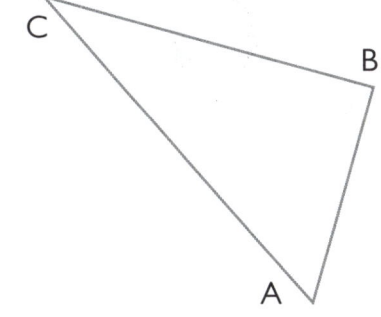

b)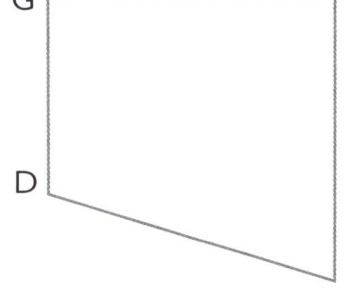

c)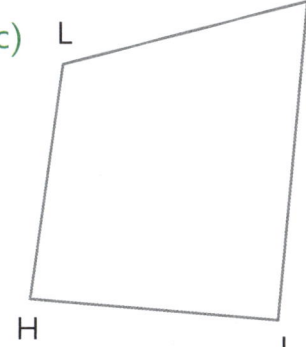

1: Senkrechte Strecken zeichnen   2: Überprüfen und zueinander senkrechte Strecken benennen
3: Zueinander senkrechte Seiten in den Figuren finden und paarweise färben
LB ◯ 28–29   TÜ ◯ 16

Addieren und Subtrahieren mit Hunderterzahlen

1 a) 200 + 600 = ▢   b) 900 − 300 = ▢   c) 300 + ▢ = 500
800 + 100 = ▢   500 − 400 = ▢   100 + ▢ = 900
300 + 300 = ▢   700 − 500 = ▢   ▢ − 200 = 600
400 + 600 = ▢   600 − 200 = ▢   ▢ − 800 = 200

2 a)

+	200		
435		735	
		591	791

b)

−	400		
888		288	
		222	522

3 Rechne und male unten die Felder mit den Ergebniszahlen aus.

444 − 200 = ▢   791 + 200 = ▢   827 − 200 − 100 = ▢

567 + ▢ = 767   100 + 321 + 500 = ▢   ▢ − 300 = 333

991 − 800 = ▢   299 + ▢ = 999   200 + 331 + 400 = ▢

882 − 600 − 100 = ▢   ▢ + 500 = 885

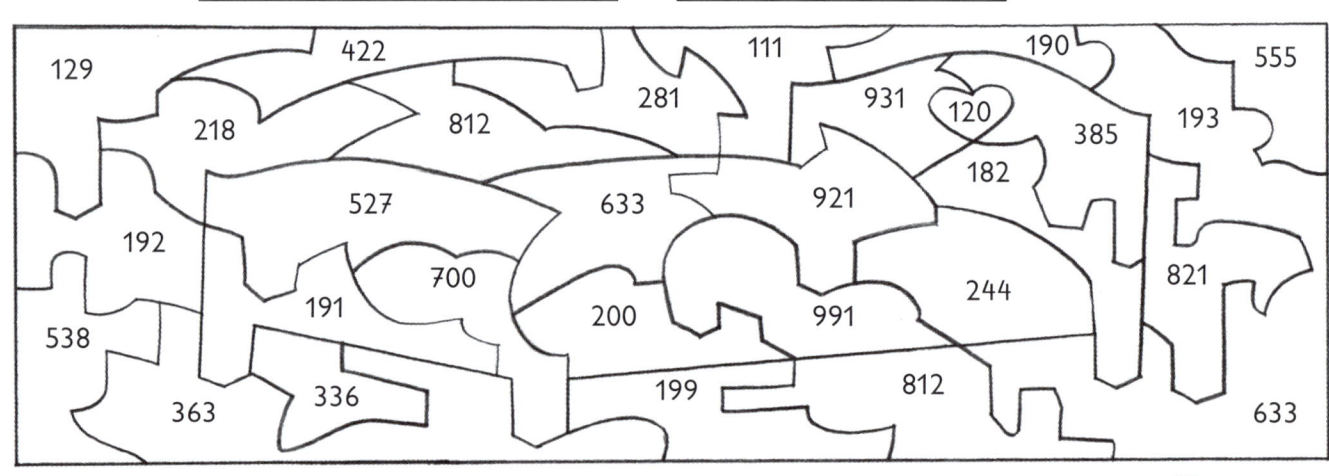

129, 422, 111, 190, 555, 218, 281, 931, 120, 193, 385, 812, 182, 192, 527, 633, 921, 244, 821, 700, 191, 200, 991, 538, 812, 363, 336, 199, 633

4 Schreibe die vollständige Aufgabe auf. Kreise dann die gesuchte Zahl ein.

„Ich denke mir eine Zahl, addiere 400 und erhalte 765."

„Ich subtrahiere 800 von meiner Zahl und erhalte 190."

„Ich addiere zu meiner Zahl erst 300 und dann 200. Ich erhalte 765."

▢ = ▢   ▢ = ▢   ▢ = ▢

Mathefreunde 3

Merkheftchen

- Die Zahlen bis 1000

- Die Rechenarten

- Rechenregeln

- Geld und Längen

- Masse (Gewicht), Volumen und Zeit

- Strecken, Flächen und Körper

- Sachaufgaben lösen

Volk und Wissen

Die Zahlen bis 1000

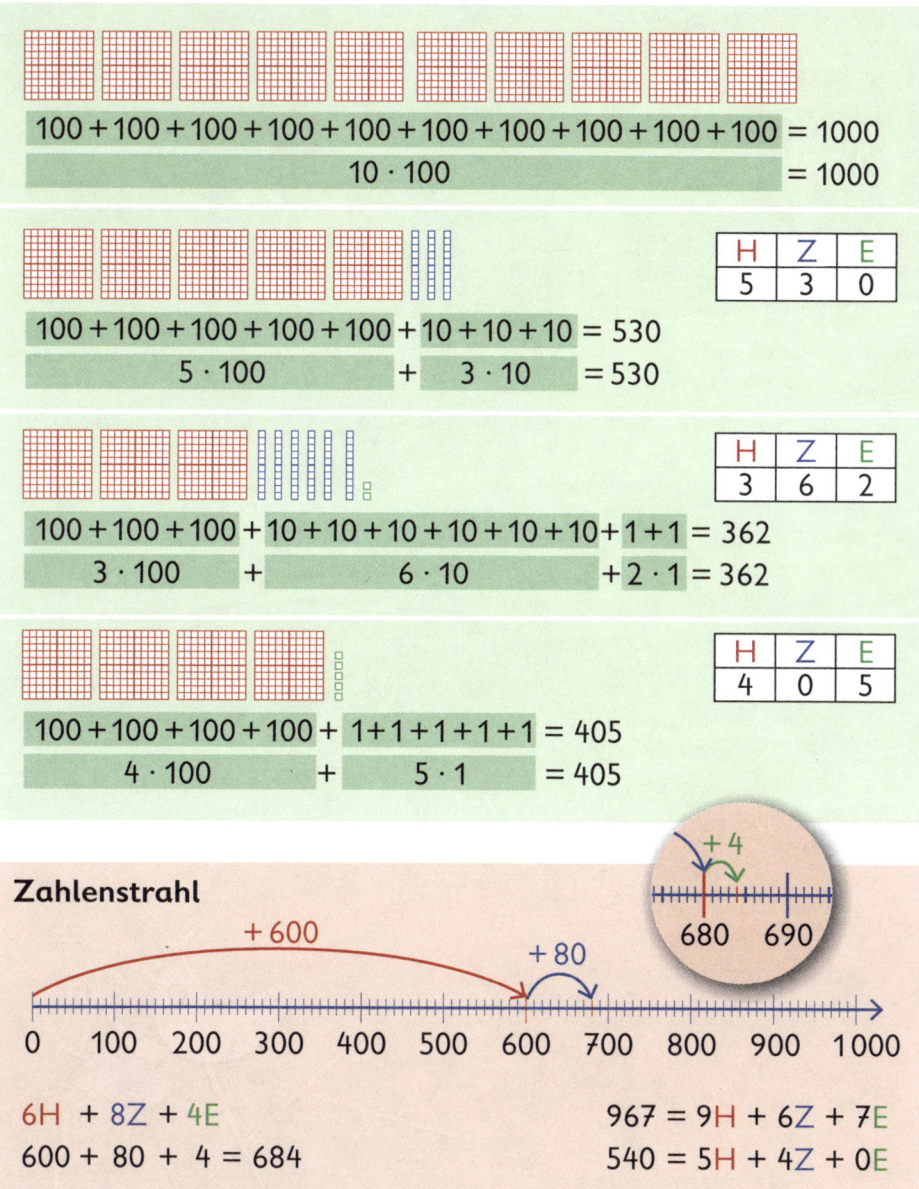

$100 + 100 + 100 + 100 + 100 + 100 + 100 + 100 + 100 + 100 = 1000$

$10 \cdot 100 \qquad\qquad = 1000$

H	Z	E
5	3	0

$100 + 100 + 100 + 100 + 100 + 10 + 10 + 10 = 530$

$5 \cdot 100 \quad + \quad 3 \cdot 10 \quad = 530$

H	Z	E
3	6	2

$100 + 100 + 100 + 10 + 10 + 10 + 10 + 10 + 10 + 1 + 1 = 362$

$3 \cdot 100 \quad + \quad 6 \cdot 10 \quad + 2 \cdot 1 = 362$

H	Z	E
4	0	5

$100 + 100 + 100 + 100 + 1 + 1 + 1 + 1 + 1 = 405$

$4 \cdot 100 \quad + \quad 5 \cdot 1 \quad = 405$

Zahlenstrahl

$+600$

$+80$

$+4$

680   690

0   100   200   300   400   500   600   700   800   900   1000

6H + 8Z + 4E

$600 + 80 + 4 = 684$

$967 = 9H + 6Z + 7E$

$540 = 5H + 4Z + 0E$

Die Rechenarten

Addition – addieren

Summe

$$325 \ + \ 43 \ = \ 368$$

Summand   Summand   Summe

Subtraktion – subtrahieren

Differenz

$$368 \ - \ 43 \ = \ 325$$

Minuend   Subtrahend   Differenz

Tauschaufgaben

$$325 + 43 \ = 368$$

$$43 \ + 325 = 368$$

Merke:
Die Summanden kann man vertauschen. Die Summe bleibt gleich.

Umkehraufgaben

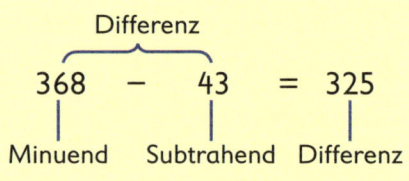

$$325 + 43 = 368$$

$$368 - 43 = 325$$

Merke:
Die Subtraktion ist die
Umkehrung der Addition.

Multiplikation – multiplizieren

Produkt

$$5 \ \cdot \ 30 \ = \ 150$$

Faktor   Faktor   Produkt

Division – dividieren

Quotient

$$150 \ : \ 5 \ = \ 30$$

Dividend   Divisor   Quotient

Tauschaufgaben

$$5 \ \cdot \ 30 \ = 150$$

$$30 \ \cdot \ 5 \ = 150$$

Merke:
Die Faktoren kann man vertauschen.
Das Produkt bleibt gleich.

Umkehraufgaben

$$150 : 5 \ = \ 30$$

$$30 \ \cdot \ 5 \ = 150$$

Merke:
Die Division ist die Umkehrung
der Multiplikation.

3

Rechenregeln

Punktrechnung vor Strichrechnung

$$36 + \underbrace{3 \cdot 20}$$
$$36 + \quad 60 \quad = 96$$

$$23 + \underbrace{42 : 6}$$
$$23 + \quad 7 \quad = 30$$

$$\underbrace{43 \cdot 2} - \underbrace{45 : 3}$$
$$86 \quad - \quad 15 \quad = 71$$

$$\underbrace{9 \cdot 20} + \underbrace{2 \cdot 35}$$
$$180 \quad + \quad 70 = 250$$

Merke:
Punktrechnung ($\cdot$ oder $:$) geht vor Strichrechnung ($+$ oder $-$).

Klammern

$$20 \cdot \underbrace{(45 - 15)}$$
$$20 \cdot \quad 30 \quad = 600$$

$$\underbrace{(43 + 17)} \cdot 8$$
$$60 \quad \cdot 8 = 480$$

$$\underbrace{(63 + 27)} : 9$$
$$90 \quad : 9 = 10$$

$$540 : \underbrace{(80 - 20)}$$
$$540 : \quad 60 \quad = 9$$

Merke:
Immer erst die Aufgabe in der Klammer lösen.

Geld und Längen

Geld

Cent (ct), Euro (€) **1€ = 100 ct**

Schreibweisen: 5,08 € = 5 € 8 ct 0,93 € = 0 € 93 ct
 5,08 € = 508 ct 0,93 € = 93 ct

Längen

• Kilometer (km) **1 km = 1000 m**
• Meter (m) **1 m = 10 dm**
• Dezimeter (dm) **1 dm = 10 cm**
• Zentimeter (cm) **1 m = 100 cm**
• Millimeter (mm) **1 cm = 10 mm**

Umrechnen

a) Von der größeren Längeneinheit in die kleinere Längeneinheit:

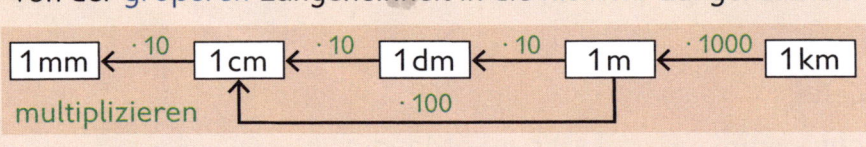

von Meter in Zentimeter von Zentimeter in Millimeter
3 m = 3 · 100 cm 7 cm = 7 · 10 mm

b) Von der kleineren Längeneinheit in die größere Längeneinheit:

von Zentimeter in Meter von Millimeter in Zentimeter
600 cm = (600 : 100) m 80 mm = (80 : 10) cm

5

Masse (Gewicht), Volumen und Zeit

Masse (Gewicht)

* Kilogramm (kg)
* Gramm (g)

Messgerät: Waage

$1\,kg = 1000\,g$ $\frac{1}{4}\,kg = 250\,g$

$\frac{1}{2}\,kg = 500\,g$

$\frac{3}{4}\,kg = 750\,g$

Umrechnen:

a) von Kilogramm in Gramm:
mit 1000 multiplizieren
$4\,kg = (4 \cdot 1000)\,g$

b) von Gramm in Kilogramm:
durch 1000 dividieren
$7000\,g = (7000 : 1000)\,kg$

Volumen

Rauminhalte werden in Liter gemessen. $1\,Liter\ =\ 1\,l$

Messgerät: Messbecher

Zeit

Jahr

Monat

Woche

Tag

Stunde (h)

Minute (min)

Sekunde (s)

1 Jahr = 12 Monate

1 Jahr = 365 (366) Tage

1 Monat = 31 (30, 28/29) Tage

1 Monat = 4 Wochen

1 Woche = 7 Tage

1 Tag = 24 Stunden

1 h = 60 min

1 min = 60 s

Strecken, Flächen und Körper

Strecken

Die Strecken
$\overline{AB}$ und $\overline{CD}$
schneiden einander.

Die Strecken
$\overline{EF}$ und $\overline{MN}$ sind
zueinander parallel.

Die Strecken
$\overline{OP}$ und $\overline{RS}$ sind
zueinander senkrecht.

Flächen

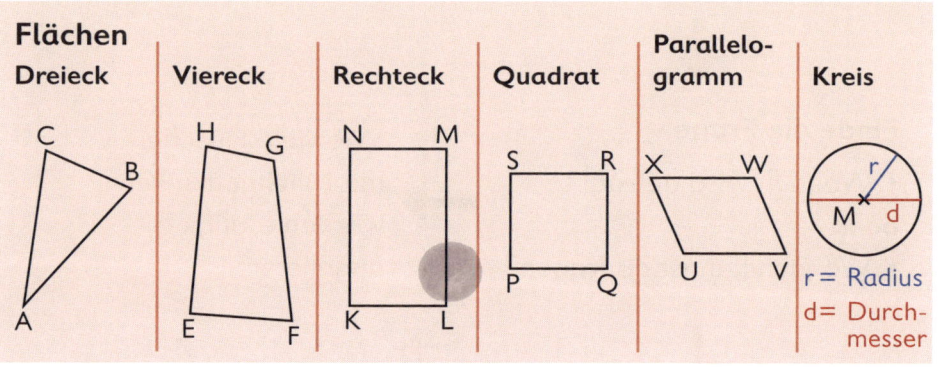

Dreieck · Viereck · Rechteck · Quadrat · Parallelogramm · Kreis

r = Radius
d = Durchmesser

Körper

	Würfel	Quader	Pyramide	Kegel	Zylinder	Kugel
Flächen	6	6	5	2	3	1
Kanten	12	12	8	1	2	0
Ecken	8	8	5	1	0	0

Sachaufgaben lösen

So kannst du Sachaufgaben lösen:

Lies den Text genau.

Achte auf
- besondere Wörter,
- Zahlen und Größen.

Unterstreiche sie oder schreibe sie heraus.

Für eine Grundschule liefert der Milchhof täglich 96 Flaschen mit Schokomilch und doppelt so viele Flaschen mit Fruchtmilch.

Schokomilch: 96 Flaschen
Fruchtmilch: 2 · 96 Flaschen

Finde die Frage.

- Wonach wird gefragt?

oder

- Wonach kannst du fragen?

Wie viele Flaschen mit Milchgetränken werden täglich angeliefert?

Schreibe die Aufgabe auf und löse sie.

Manchmal hilft eine Skizze oder eine Tabelle.

96 + 2 · 96 = 288

Anworte im Satz.

Überlege, ob die Antwort zur Frage passt.

Es werden täglich 288 Flaschen mit Milchgetränken angeliefert.

8

Addieren und Subtrahieren mit Zehnerzahlen und dreistelligen Zahlen

1 a) 230 + 60 =   b) 730 + 50 =   c) 780 +   = 790

   810 + 50 =   450 + 20 =   + 40 = 150

   620 + 70 =   230 + 30 =   920 +   = 970

   470 + 10 =   950 + 40 =   + 50 = 380

10	50
110	260
290	330
470	480
690	780
860	990

2 a) 190 − 30 =   b) 680 − 40 =   c) 390 −   = 320

   460 − 30 =   820 − 20 =   − 60 = 110

   950 − 50 =   540 − 10 =   840 −   = 820

   350 − 20 =   280 − 60 =   − 70 = 420

20	70
160	170
220	330
430	490
530	640
800	900

3 Unter welchen Bäumen suchen die Enten Schatten? Verbinde.

4

a)
+	40	60
520		
432		482

b)
−	30	
390	350	
948		928

c)
−	80	
789	739	
	611	651

5 a) 122 ct + 40 ct =   ct   b) 980 m − 70 m =   m

          ct − 30 ct = 340 ct   450 m − 40 m =   m

   c) 970 ct + 20 ct =   ct   d)   m + 30 m = 770 m

      444 ct −   ct = 404 ct   654 m −   m = 634 m

Addieren und Subtrahieren von Zehnern – Hunderterübergang

1 a) 480 + 30 =   b) 670 + 50 =   c) 560 +   = 610

330 + 80 =   290 + 70 =   + 20 = 810

750 + 90 =   390 + 90 =   + 50 = 730

570 + 70 =   680 + 40 =   450 +   = 530

50	80
360	410
480	510
640	680
720	720
790	840

2 a) 340 − 60 =   b) 220 − 90 =   c) 730 −   = 680

710 − 40 =   840 − 70 =   − 20 = 290

960 − 80 =   430 − 60 =   540 −   = 480

840 − 50 =   510 − 90 =   − 40 = 590

50	60
130	280
310	370
420	630
670	770
790	880

3 Rechne und färbe passend.

780 + 80   910 − 80   850 − 70   790 + 40   770 + 50 + 10   870 − 90

840 − 50 − 10   930 − 40 − 30   830 − 40 − 10   790 + 30 + 40   760 + 50 + 20

700 + 80   920 − 50 − 40   680 + 60 + 40   910 − 50

830

780

860

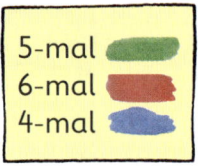
5-mal —
6-mal —
4-mal —

4

		970		
		90		
	790			

	80		
490	60		

	100		
130			
70	20		

5

6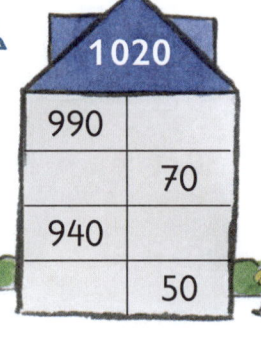

16   1 bis 3: Addieren und Subtrahieren   4: Rechenmauern lösen   5 und 6: Ergänzen

Addieren und Subtrahieren mit einstelligen und dreistelligen Zahlen

1
a) 895 + 6 = ☐☐☐   b) 129 + 9 = ☐☐☐   c) 557 + ☐ = 564
   472 + 9 = ☐☐☐   338 + 3 = ☐☐☐   ☐☐☐ + 6 = 233
   284 + 7 = ☐☐☐   765 + 8 = ☐☐☐   988 + ☐ = 997
   166 + 8 = ☐☐☐   477 + 5 = ☐☐☐   ☐☐☐ + 4 = 322

```
7   9   138
174     227
291     318
341     481
482     773
901
```

2

+	3	7	5	6	9
745					
388					

3 493 / 6 / 7 / 9 / 487 / 492 / 8 / 491

4
a) 143 – 6 = ☐☐☐   b) 531 – 8 = ☐☐☐   c) 392 – ☐ = 388
   785 – 9 = ☐☐☐   846 – 7 = ☐☐☐   ☐☐☐ – 6 = 727
   532 – 4 = ☐☐☐   772 – 5 = ☐☐☐   244 – ☐ = 235
   926 – 8 = ☐☐☐   191 – 6 = ☐☐☐   ☐☐☐ – 4 = 879

```
4   9   137
185     523
528     733
767     776
839     883
918
```

5

–	7	8	6	4
433				
891				

6 582 / 9 / 2

7 993 / 8 / 6

8 333 → –8 → ☐ → –☐ → 319 → +4 → ☐ → +9 → ☐ → –5 → ☐ → –☐ → 318 → +3 → ☐ → –7 → ☐

9 ☐ → +8 → 986 → +☐ → 995 → –6 → ☐ → +☐ → 996 → +5 → ☐ → –3 → ☐ → –☐ → 989

Addieren und Subtrahieren mit zweistelligen und dreistelligen Zahlen

① a) 222 + 24 = ☐   b) 156 + 35 = ☐   c) 344 + 48 = ☐ | 191 246 |
   584 + 13 = ☐   348 + 29 = ☐   727 + 64 = ☐ | 291 377 |
   335 + 52 = ☐   863 + 36 = ☐   555 + 29 = ☐ | 387 392 |
   826 + 43 = ☐   529 + 55 = ☐   273 + 18 = ☐ | 584 584 |
                                                          | 597 791 |
                                                          | 869 899 |

② 313 →+12→ ☐ →+26→ ☐ →+19→ ☐ →+15→ ☐ →+14→ ☐

③ a) 867 − 23 = ☐   b) 243 − 34 = ☐   c) 752 − 19 = ☐ | 209 218 |
   489 − 52 = ☐   348 − 13 = ☐   537 − 28 = ☐ | 231 328 |
   668 − 46 = ☐   555 − 27 = ☐   391 − 63 = ☐ | 335 437 |
   274 − 43 = ☐   762 − 35 = ☐   253 − 35 = ☐ | 509 528 |
                                                          | 622 727 |
                                                          | 733 844 |

④ 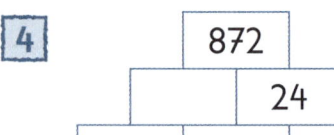   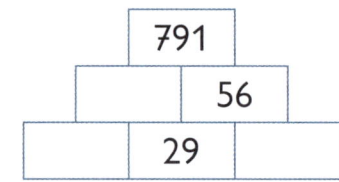   ⑤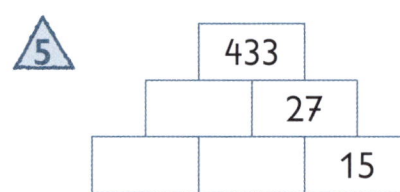

⑥ Rechne und färbe passend ein.

405 + 27

411 + 22   461 − 28

450 − 27   405 + 28

450 − 18   471 − 48

                  420 + 12

404 + 19

   492 − 69

461 − 29

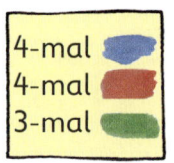
4-mal (blau)
4-mal (rot)
3-mal (grün)

Addieren und Subtrahieren

① a) 235 + ☐ = 263   b) 462 − ☐ = 416   c) ☐☐ + 38 = 552

482 + ☐ = 499   934 − ☐ = 909   344 − ☐ = 317

758 + ☐ = 784   785 − ☐ = 737   222 + ☐ = 251

866 + ☐ = 892   341 − ☐ = 324   ☐☐ − 15 = 179

```
17  17  25
26  26  27
28  29  46
48  194
514
```

②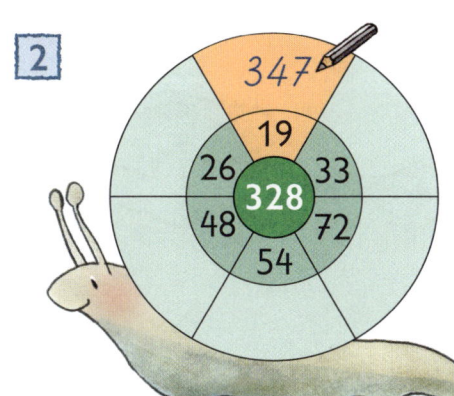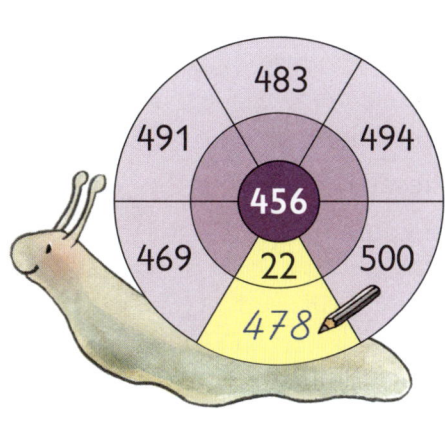

③ Setze das richtige Zeichen: < = > .

a) 554 + 29 ◯ 584   b) 456 − 29 ◯ 427   c) 437 + 24 ◯ 415 + 44

319 + 34 ◯ 351   292 − 18 ◯ 274   869 + 23 ◯ 846 + 47

878 + 14 ◯ 892   374 − 46 ◯ 329   628 + 64 ◯ 654 + 37

424 + 58 ◯ 478   765 − 37 ◯ 716   576 + 19 ◯ 558 + 38

④ Welche Blätter gehören zu keinem der Bäume? Steiche sie durch.

 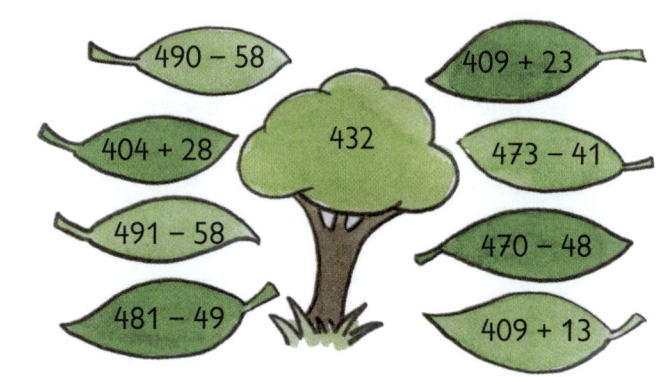

⑤ Notiere die vollständige Aufgabe und kreise die gesuchte Zahl ein.

Sachaufgaben – Besondere Wörter

1 Frau Kluge kauft für ihren Sohn ein Mountainbike für 348 Euro und einen Fahrradhelm für 36 Euro. Wie viel muss sie insgesamt bezahlen?

Aufgabe:

Antwort: _____

2 Herr Menzel benötigt für die Renovierung seiner Küche 485 Fliesen. 67 Fliesen hat er schon. Wie viele Fliesen muss er noch kaufen?

Aufgabe:

Antwort: _____

3 Der Fußbodenleger verkürzt die 183 cm langen Fußbodenleisten um 25 cm. Wie lang sind die Leisten dann noch?

Aufgabe:

Antwort: _____

4 Der Sportplatz wird für das Schulsportfest geschmückt. Für den Zaun werden Wimpelketten von 234 m Länge benötigt. Hinzu kommen 48 m Wimpelkette für das Eingangstor und für die beiden Imbissstände zusammen 16 m. Wie viele Meter Wimpelkette werden insgesamt gebraucht?

Aufgabe:

Antwort: _____

5 Aus den 3. Klassen nehmen 28 Mädchen und 38 Jungen am Sportfest teil. Das ist die Hälfte der Teilnehmer aus den 4. Klassen.
a) Wie viele Kinder nehmen aus den 4. Klassen teil?
b) Wie viele Kinder nehmen insgesamt teil?

Aufgaben:

Antwort a): _____

Antwort b): _____

① Der Campingplatz „Tiefer See" hatte bisher 367 Zeltplätze. Für eine neue Waschanlage wurde die Anzahl der Plätze um 49 Plätze verringert.
Wie viele Zeltplätze stehen noch zur Verfügung?

Aufgabe:

Antwort: _____

② Am Freitag reisten 127 Camper an. Am Sonnabend kamen nochmals 48 Camper. Am Sonntag meldeten sich nur halb so viele an wie am Sonnabend.
Wie viele Camper sind in den drei Tagen angereist?

Aufgabe:

Antwort: _____

③ Von zu Hause bis hierher sind wir 684 Kilometer gefahren.

Unser Weg war 77 Kilometer kürzer.

Wie viele Kilometer ist der Mann gefahren?

Aufgabe:

Antwort: _____

④ Max und Ben wollen eine Woche auf dem Campingplatz bleiben.
a) Wie viel müssen sie bezahlen?
b) Wie viel müssten sie bezahlen, wenn sie doppelt so lange blieben?

9 € pro Tag und Person

Aufgaben:

Antwort a): _____

Antwort b): _____

Kilometer – Meter – Dezimeter – Zentimeter – Millimeter

1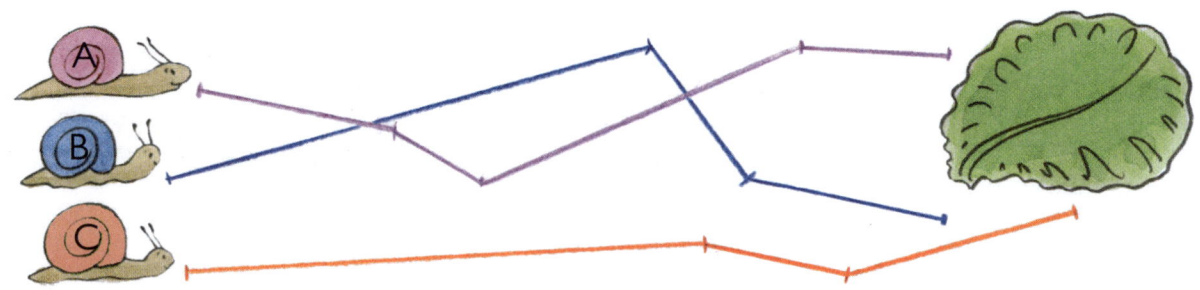

a) Schätze ohne zu messen.

Welche Schnecke legt den kürzesten Weg zurück? Schnecke ☐

Welche Schnecke legt den längsten Weg zurück? Schnecke ☐

b) Jetzt miss alle Wege genau:

Schnecke A: ☐ cm ☐ mm = ☐ , ☐ cm
Schnecke B: ☐ cm ☐ mm = ☐ , ☐ cm
Schnecke C: ☐ cm ☐ mm = ☐ , ☐ cm

2 a) Ergänze zu einem Meter.

74 cm + ☐ cm = 1 m
38 cm + ☐ cm = 1 m
8 dm + ☐ cm = 1 m
4 dm + ☐ cm = 1 m
$\frac{1}{2}$ m + ☐ cm = 1 m

b) Ergänze zu einem Kilometer.

400 m + ☐ m = 1 km
$\frac{3}{4}$ km + ☐ m = 1 km
1000 m + ☐ m = 1 km
85 m + ☐ m = 1 km
50 dm + ☐ m = 1 km

3 Immer zwei Längenangaben sind gleich. Male sie mit der gleichen Farbe aus.

| 6 m 5 cm | 6,5 m | $\frac{1}{4}$ km | 5,6 cm | 1000 m | 56 mm | $\frac{1}{2}$ km |
| 65 dm | 56 cm | 1 km | 500 m | 5 dm 6 cm | 250 m | 605 cm |

4 Welche Einheit passt? Setze richtig ein.

Maria wünscht sich zum Geburtstag eine neue Schulmappe. Sie fährt mit ihrer Mutter in die 20 _____ entfernte Kreisstadt. Die Fahrt mit dem Auto dauert 25 _____.
Vom Parkplatz zum Geschäft sind es etwa 500 _____.
Maria gefällt eine Tasche für 79,99 _____. Die Tasche ist 3,8 _____ hoch und 32 _____ breit. Am Reißverschluss hängt ein 55 _____ langer Anhänger.

mm
cm
dm
m
km
min
€

22

1: Strecken schätzen und messen   2: Zum Meter bzw. Kilometer ergänzen
3: Gleiche Längenangaben erkennen   4: Einheiten in einen Lückentext einfügen
LB ○ 44–49   TÜ ○ 25–26

Addieren und Subtrahieren mit Zehnerzahlen

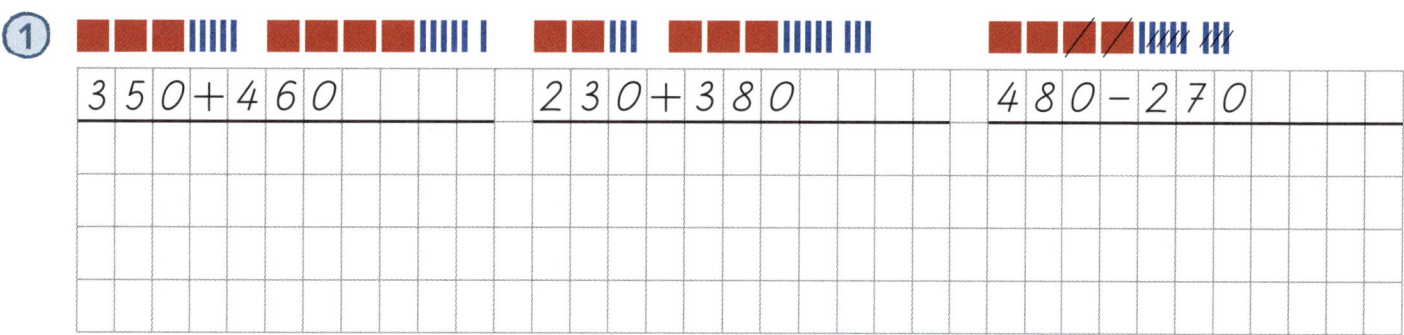

① 350+460   230+380   480−270

② 320+490   450+270   590+370

③ 720−540   970−490   840−570

④ Vergleiche: < = >.

450 + 170 ◯ 620
620 + 190 ◯ 800
780 − 450 ◯ 230
540 − 270 ◯ 370
830 − 360 ◯ 470

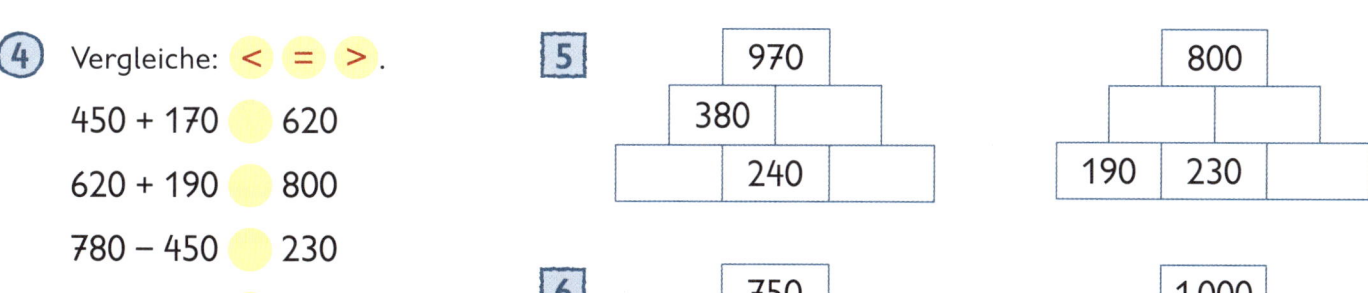
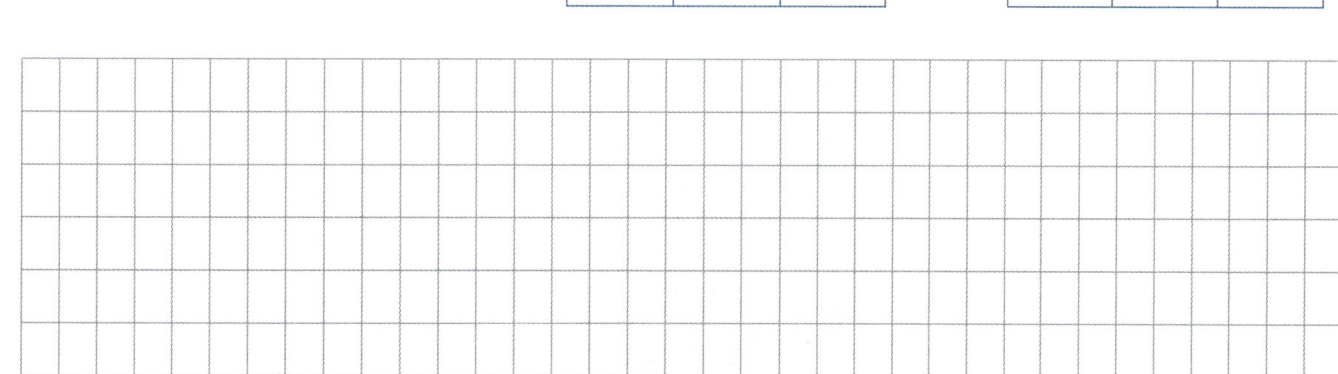

1 bis 3: Halbschriftliches Addieren und Subtrahieren   4: Addieren oder Subtrahieren – dann vergleichen
5: Rechenmauern lösen   6: Eine mögliche Lösung finden

Addieren und Subtrahieren mit dreistelligen Zahlen

1 Finde die Aufgabe und rechne.

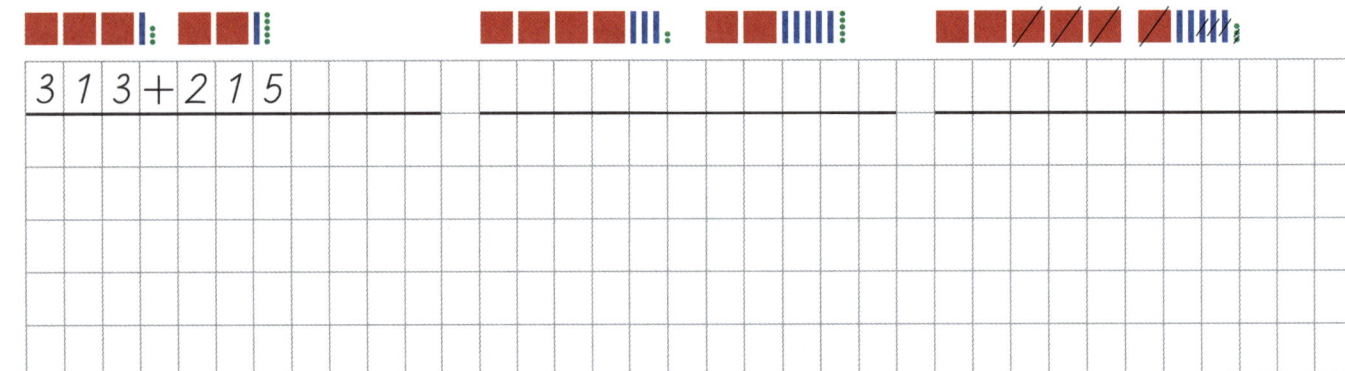

313+215

2 426+233   252+537   478+325

3 854−632   593−284   785−536

4 Setze die Aufgabenreihe fort.

a) 672 + 211 =
   562 + 321 =
   452 + ⬜ =
   ⬜ + ⬜ =
   ⬜ + ⬜ =

b) 995 − 662 =
   885 − 552 =
   775 − ⬜ =
   ⬜ − ⬜ =
   ⬜ − ⬜ =

5

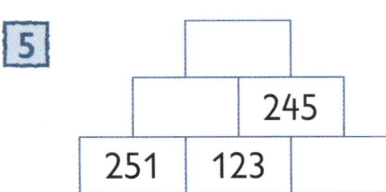
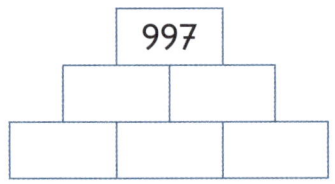

Kilogramm – Gramm

1 Schätze zuerst in Gramm (g) oder in Kilogramm (kg). Dann prüfe mit einer Waage.

Gegenstand	geschätzt	gemessen	Differenz
Federtasche			
Schulmappe			
Schuhe			
Füller			

Wie viel wiegen die Lebensmittel?

2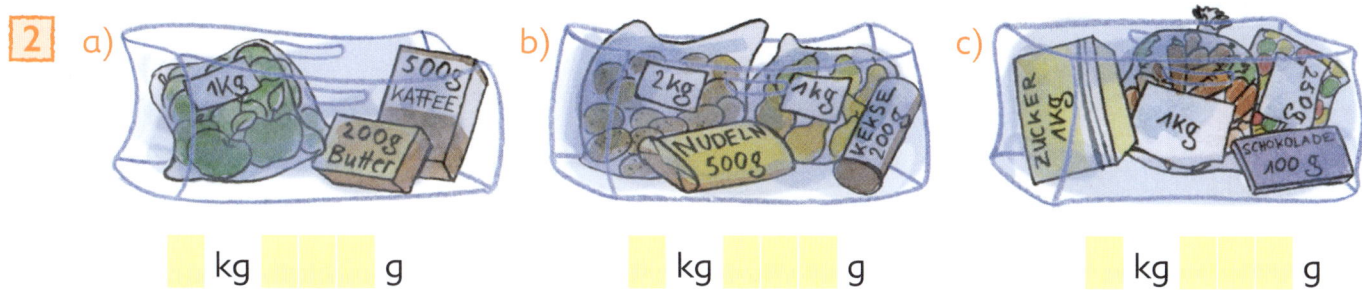

a) ▢ kg ▢ g   b) ▢ kg ▢ g   c) ▢ kg ▢ g

3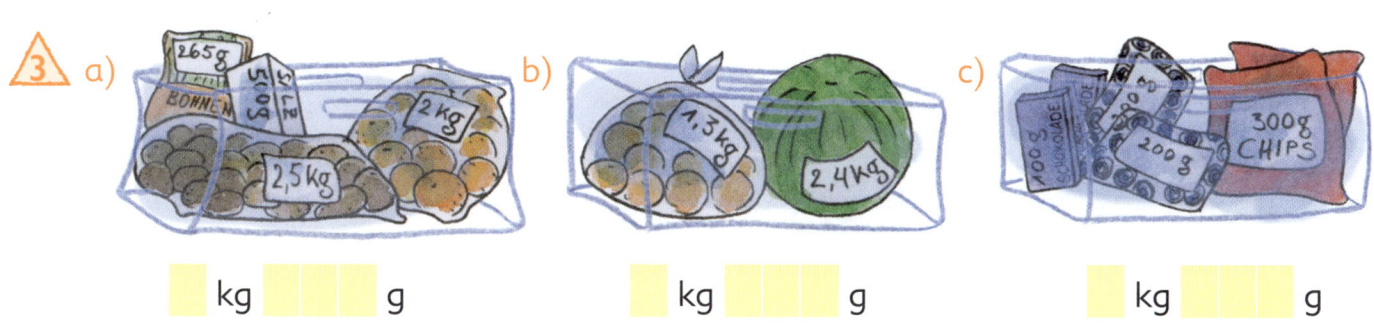

a) ▢ kg ▢ g   b) ▢ kg ▢ g   c) ▢ kg ▢ g

4 Ergänze zu einem Kilogramm.

300 g	520 g	680 g	¼ kg	70 g	965 g	¾ kg	2 g
700g							

35 g   250 g   320 g
480 g   700 g   750 g
930 g   998 g

5 Setze das richtige Zeichen: < = >.

a) 520 g ○ ¼ kg   b) 340 g + 437 g ○ 800 g   c) 680 g – 230 g ○ 440 g
   100 g ○ ½ kg   680 g + 240 g ○ 820 g   900 g – 635 g ○ 365 g
   500 g ○ 1 kg   725 g + 125 g ○ 850 g   820 g – 790 g ○ 130 g
   1000 g ○ ¾ kg   248 g + 352 g ○ 600 g   135 g – 45 g ○ 90 g

Liter

1 Was passt zusammen? Verbinde.

| 1 l | etwa 1000 kg | 250 g | 10 l | etwa 3 kg | 300 l |

2 Wie viel Wasser ist in den Messbechern? Male aus.

   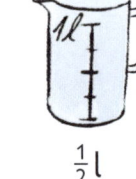      

1 l $\frac{1}{2}$ l $\frac{1}{4}$ l $\frac{3}{4}$ l

3 Finde verschiedene Möglichkeiten, den 30-l-Behälter mit diesen drei Gefäßen zu füllen. Trage sie in die Tabelle ein.

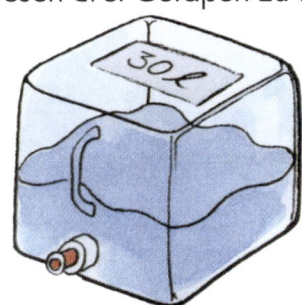  

10 l	5 l	1 l
3	–	–

4 Setze das richtige Zeichen: < = >.

a) 1 l ◯ 3 l   b) 48 l + 34 l ◯ 82 l   c) 92 l – 23 l ◯ 60 l

15 l ◯ 5 l   36 l + 49 l ◯ 75 l   100 l – 67 l ◯ 37 l

$\frac{1}{2}$ l ◯ 1 l   145 l + 46 l ◯ 200 l   970 l – 26 l ◯ 944 l

71 l ◯ 17 l   240 l + 370 l ◯ 610 l   235 l – 34 l ◯ 200 l

5 Frau Scherbaum fährt an die Tankstelle und tankt 50 l Benzin. Der Liter kostet heute 1,40 €.

Frage: _____

Aufgabe:

Antwort: _____

26

1: Richtig zuordnen   2: Volumen kennzeichnen   3: Alle Möglichkeiten angeben
4: Relationszeichen setzen   5: Inhalt erfassen, Frage/Aufgabe finden, Aufgabe lösen und antworten
LB ▸ 57

Überschlagsrechnung

1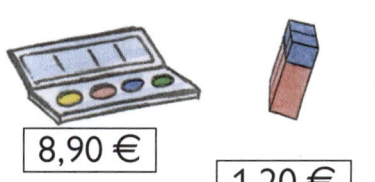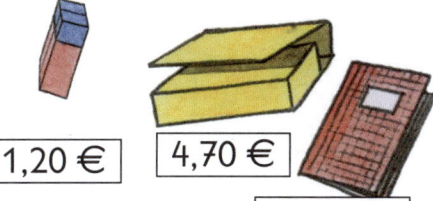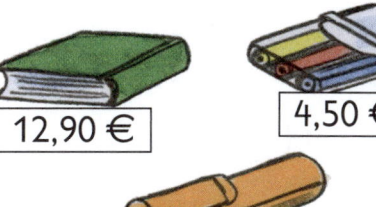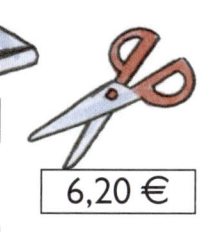

8,90 €   1,20 €   4,70 €   0,90 €   12,90 €   4,50 €   1,60 €   6,20 €

Reicht das Geld? Überschlage und kreuze an.

Die Kinder kaufen ein:	Er/sie hat	Reicht das Geld?
Anna: 1 Farbkasten, 1 Radiergummi, 1 Schere	20 €	ja nein
Max: 1 Heft, 1 Buch, 1 Textmarker	17 €	ja nein
Tom: 3 Buntstifte, 1 Mappe für Hefte, 1 Schere	14 €	ja nein
Lisa: 1 Radiergummi, 1 Buch, 1 Heft	14 €	ja nein

Ü: € +   € +   € =   €   Ü:

Ü: Ü:

2 Welcher Hunderter liegt am nächsten?

322 → 300   375 →
781 →   233 →
438 →   895 →
653 →   978 →
749 →   659 →

3 Welcher Zehner liegt am nächsten?

254 → 250   617 →
357 →   351 →
894 →   755 →
733 →   796 →
514 →   804 →

4 Bilde zu den Aufgaben nur den Überschlag.

a)
315 + 291 + 436
Ü: 300 +   +   =
642 + 151 + 128
Ü:
427 + 281 + 125
Ü:
398 + 169 + 367
Ü:
273 + 432 + 219
Ü:

b)
126 + 288 + 331
Ü: 700
267 + 124 + 362
Ü:
354 + 258 + 125
Ü:
381 + 249 + 183
Ü:
215 + 345 + 228
Ü:

1 und 4: Überschläge bilden   2 und 3: Das nächstgelegene Vielfache von 10 bzw. von 100 finden
LB ○ 58   TÜ ○ 30

Addieren ohne Übertrag

1  324 + 265

H	Z	E
3	2	4
+2	6	5

H	Z	E
4	6	3
+2	3	6

H	Z	E
2	3	4
+4	5	3

H	Z	E
6	2	4
+1	7	3

H	Z	E
4	3	6
+2	5	3

2

```
  425     625     344     783     444     633     306
+ 173   + 143   + 253   + 115   +  53   + 205   + 273
```

3 Ergänze die fehlenden Ziffern.

```
  4_8     654      75      43      _4     532     422
+ _5_   + __3   + 1_2   + _64   +2_3   + _5_   + ___
  779     8_9     _56     6_9     986     9_8     897
```

4 Überprüfe und berichtige die falschen Ergebnisse.

```
  443     532     284     142     623     354     254
+ 252   + 405   + 505   + 353   + 374   + 235   + 341
  694     939     799     495     987     598     685
```

5 Bilde mit den Ziffern 1, 2 und 3 zwei dreistellige Zahlen.
Die Summe dieser Zahlen soll
a) 444 ergeben,   b) 534 ergeben,   c) 525 ergeben.

Addieren mit Übertrag

①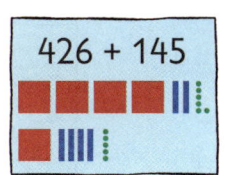

H	Z	E
4	2	6
+1	4	5

H	Z	E
5	4	8
+3	7	1

H	Z	E
6	4	3
+2	7	8

H	Z	E
2	8	4
+5	4	7

H	Z	E
4	3	2
+3	9	5

② 322   740   543   609   347   781   576
   +259   +173   +274   +192   +675   +187   +213

③  Addiere 479 und 321.

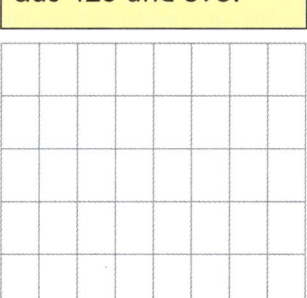 Berechne die Summe aus 428 und 393.

 Berechne das Doppelte von 428.

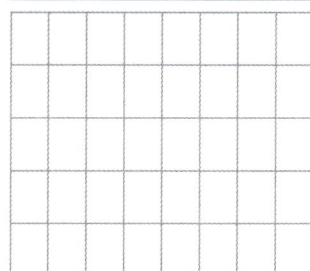 Addiere zu 324 265 und 183.

④ Zur Zirkusvorstellung kamen aus der Waldschule 217 Kinder und aus der Lindenschule 175 Kinder.

Frage: _____

Aufgabe:

Antwort: _____

Subtrahieren ohne Übertrag – Ergänzen/Abziehen

1 Rechne mit „Ergänzen".

H Z E	H Z E	H Z E	H Z E	H Z E
4 7 9	7 5 9	8 9 6	7 9 6	4 9 8
− 2 5 1	− 5 3 6	− 5 7 4	− 4 6 2	− 2 5 4

223
228
244
322
334

2 Rechne mit „Abziehen".

H Z E	H Z E	H Z E	H Z E	H Z E
6 5 4	9 7 5	8 4 9	5 4 2	9 3 7
− 2 3 2	− 7 3 4	− 6 3 8	− 4 3 1	− 4 1 5

111
211
241
422
522

3 Rechne so, wie du möchtest.

6 3 3	9 4 4	7 9 7	6 3 5	3 5 4	9 7 8	4 7 9
− 4 2 1	− 3 3 2	− 5 7 2	− 5 1 4	− 2 3 4	− 7 0 6	− 1 6 3

120 121 212 225 272 316 612

4 Rechne und kontrolliere mit der Umkehraufgabe.

625 − 413   759 − 548   589 − 176

5

Subtrahiere 635 von 968.

Berechne die Differenz von 863 und 651.

Der Minuend heißt 693, der Subtrahend 451. Berechne die Differenz.

Subtrahieren mit Übertrag – Ergänzen/Abziehen

1 Rechne mit „Ergänzen".

H Z E	H Z E	H Z E	H Z E	H Z E	H Z E
754	854	794	947	846	663
−536	−583	−547	−585	−375	−224

2

532	957	693	676	754	843	753
−328	−384	−369	−349	−328	−317	−248

Lösungen zu ① und ②: 204 218 247 271 324 327 362 426 439 471 505 526 573

3 Rechne mit „Abziehen".

H Z E	H Z E	H Z E	H Z E	H Z E	H Z E
673	854	968	794	954	594
−459	−538	−593	−387	−672	−307

4

432	629	952	742	846	673	865
−119	−387	−628	−219	−373	−291	−657

Lösungen zu ③ und ④: 208 214 242 282 287 313 316 324 375 382 407 473 523

5 Rechne und kontrolliere mit der Umkehraufgabe.

923	793	857
−416	−468	−473

1 bis 4: Schriftliches Subtrahieren mit Übertrag nach dem Ergänzungsverfahren/Abziehverfahren
5: Schriftliches Subtrahieren (Verfahren kann gewählt werden), kontrollieren mit der Addition
LB ● 64–65   TÜ ● 34

Subtrahieren mit Übertrag

1

H	Z	E
6	0	0
−2	5	4

H	Z	E
8	0	0
−3	5	6

H	Z	E
7	0	0
−2	8	3

H	Z	E
3	0	0
−1	8	9

H	Z	E
7	8	0
−3	9	2

H	Z	E
5	4	0
−1	6	5

2 Rechne und kontrolliere mit der Umkehraufgabe.

a)
```
  2 0 0
− 1 3 8
```

b)
```
  6 0 0
− 2 3 6
```

c)
```
  5 0 4
− 2 8 7
```

3 Trage die fehlenden Zahlen in das Rechenrad ein.

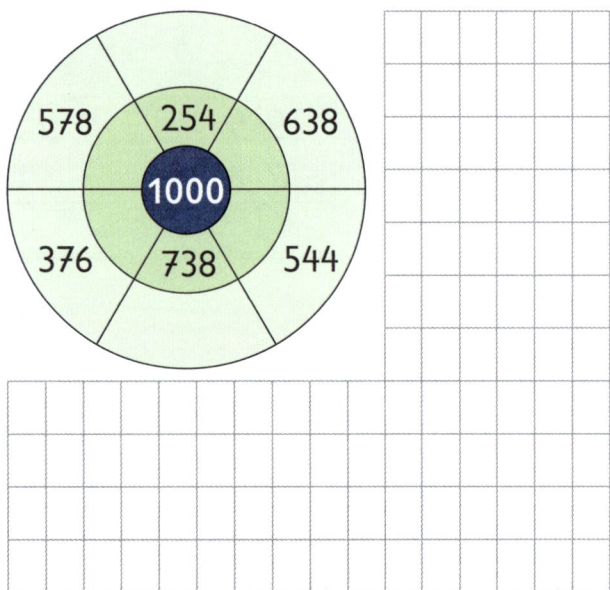

4 Trage die fehlenden Zahlen in das Rechenhaus ein.

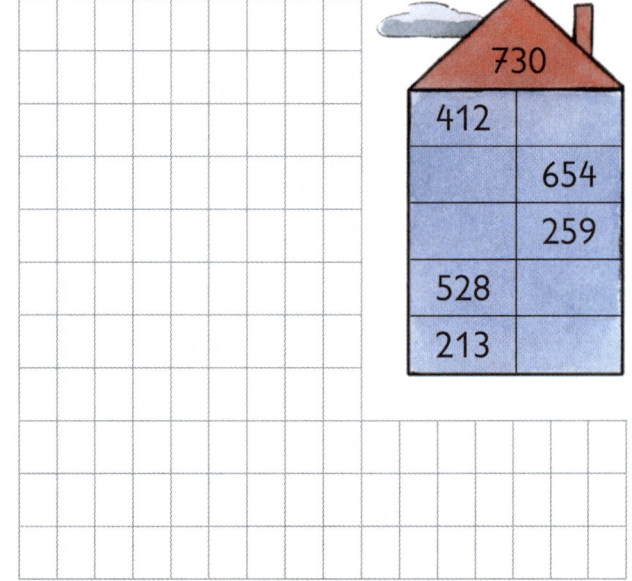

5

Vermindere den Vorgänger von 725 um 218.

Subtrahiere vom Nachfolger von 826 den Vorgänger von 419.

Verdopple den Vorgänger von 321 und subtrahiere 357.

Addieren und Subtrahieren

① 527 + 391   635 + 248   458 + 194   773 € + 209 €   229 m + 693 m

② 515 − 324   639 − 369   815 − 619   703 ct − 455 ct   844 mm − 509 mm

③ 476 + 220 + 132   138 + 396 + 266   253 cm + 89 cm + 325 cm   129 m + 406 m + 72 m   98 € + 412 € + 153 €

④ Lisa und ihre Mutti haben eingekauft. Was müssen sie an der Kasse bezahlen? Überschlage erst und rechne dann genau.

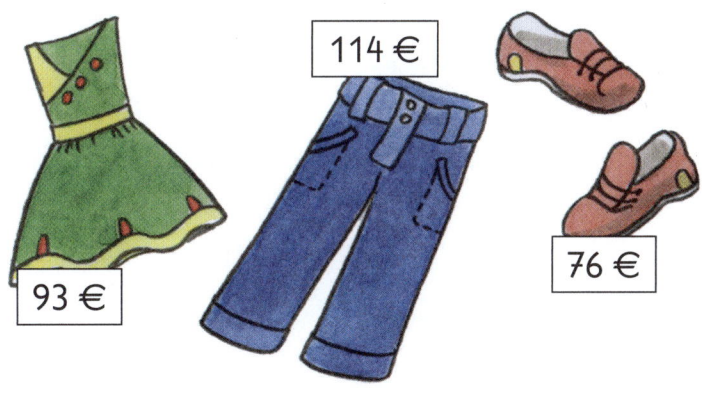

93 €   114 €   76 €

⑤ Die Summe soll immer kleiner als 700 sein. Finde einen zweiten Summanden.

539 + ___   643 + ___   98 + ___

⑥ Die Differenz soll immer kleiner als 300 sein. Finde einen passenden Subtrahenden.

624 − ___   720 − ___   495 − ___

1 und 2: Addieren/Subtrahieren   3: Addieren von drei Summanden
4: Überschlag und Addieren   5 und 6: Passende Zahlen finden
LB 68–69

1 a) 336 + 414 =
258 + 445 =
529 + 375 =
405 + 287 =
183 + 569 =

b) 679 − 408 =
903 − 486 =
825 − 579 =
386 − 197 =
537 − 229 =

Du kannst mündlich oder schriftlich rechnen.

189 246 271 308 417 692 703 750 752 904

2 Überprüfe und berichtige die falschen Lösungen.

```
  2 7 6       2 2 8       5 3 6       8 3 6       7 3 6       9 5 4       6 7 3
+ 5 5 8     + 4 6 3     + 2 8 7     − 5 2 7     − 4 9 5     − 6 7 3     − 2 6 9
  7 2 4       6 9 1       8 1 3       3 1 9       2 4 1       2 8 1       4 1 4
```

3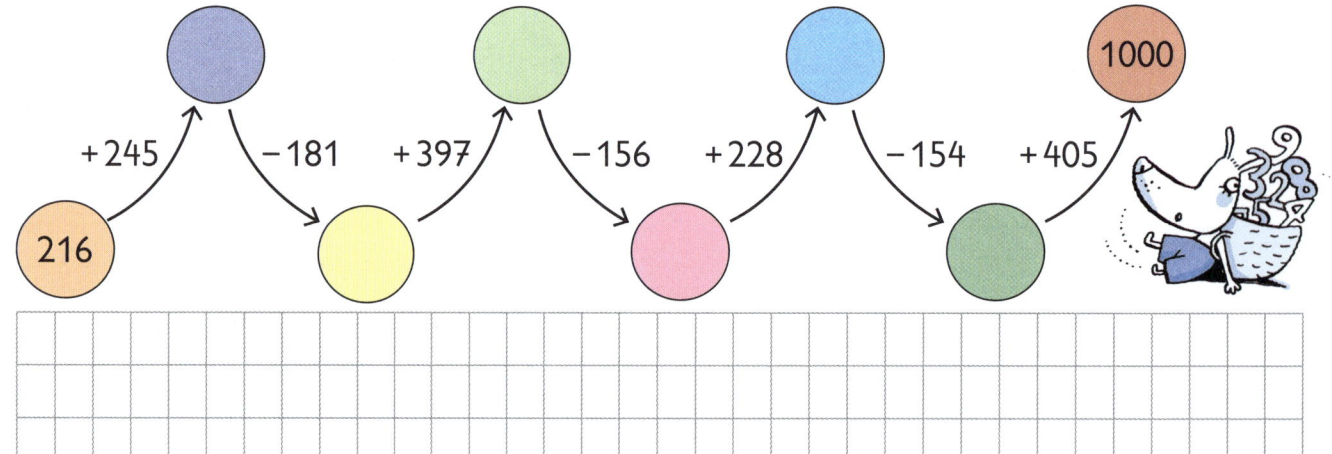

216 +245→ −181→ +397→ −156→ +228→ −154→ +405→ 1000

4 Ergänze die fehlenden Ziffern.

```
  2 3 _       _ 5 7       9 6 _       _ 8 5       6 3 _       7 5 _       _ 7 2
+ 4 _ 2     + 1 9 _     + 2 _ 3     + 3 2 _     − 7 _ 8     − 3 _ 2     − 5 9 _
  _ 1 1       _ 3 2       6 2 _       _ 8 _ 2     _ 2 1       _ 8 6       _ 2 1
```

Addieren und Subtrahieren – Sachaufgaben

1 In der Tabelle stehen Angaben über Flüsse innerhalb Deutschlands.
Berechne, auf welcher Länge die Flüsse nicht schiffbar sind.

Fluss	Länge in Deutschland	davon schiffbar	davon nicht schiffbar
Rhein	865 km	778 km	
Elbe	700 km	700 km	
Donau	647 km	387 km	
Main	524 km	384 km	
Saale	427 km	124 km	
Spree	382 km	147 km	

2 Die Zoobrücke in Köln ist 596 m lang. Die Hohenzollernbrücke ist 184 m kürzer. Wie lang ist die Hohenzollernbrücke?

Aufgabe:

Antwort:

3 Wie weit ist es von den Schildern bis zur Hütte? Schreibe die Entfernungen in die Schilder.

4 a) Um wie viele Meter ist der Münchner Fernsehturm höher als der Stuttgarter Fernsehturm?

b) Um wie viele Meter ist der Münchner Fernsehturm niedriger als der Berliner Fernsehturm?

München 290 m · Stuttgart 220 m · Berlin 360 m

Antwort a): _____

Antwort b): _____

Daten in Tabellen und Diagrammen

1 Das Streifendiagramm enthält Angaben über die Schüler der Talschule.

🟥 3 Mädchen
🟦 3 Jungen

Trage die Schülerzahlen in die Tabelle ein.

	1. Schuljahr	2. Schuljahr	3. Schuljahr	4. Schuljahr	insgesamt
Mädchen					
Jungen					
zusammen					

2 Diese Tabelle gibt Auskunft über die Schülerzahlen der Bergschule.

	1. Schuljahr	2. Schuljahr	3. Schuljahr	4. Schuljahr	insgesamt
Mädchen	21	24		27	
Jungen	18		24		
zusammen		42	57		198

a) Trage die fehlenden Zahlen ein.

b) Stelle die Schülerzahlen in einem Streifendiagramm dar.

1. Schuljahr
2. Schuljahr
3. Schuljahr
4. Schuljahr

🟥 3 Mädchen
🟦 3 Jungen

3 Vergleiche die Anzahl der Schüler der beiden Schulen.

	Bergschule	> = <	Talschule
1. Schuljahr		●	
2. Schuljahr		●	
3. Schuljahr		●	
4. Schuljahr		●	
zusammen		●	

1: Zahlen aus dem Diagramm entnehmen, Tabelle vervollständigen
2: Fehlende Angaben errechnen, Diagramm zeichnen   3: Schülerzahlen vergleichen

Kombinieren

1

Speiseplan

Vorspeise	Hauptspeise	Nachspeise
Spargelsuppe	Spaghetti	Obstschale
Nudelsuppe	Milchreis	Pudding

Ein Menü besteht aus einer Vorspeise, einem Hauptgericht und einer Nachspeise.

Wie viele verschiedene Menüs sind mit diesem Angebot möglich?

	Vorspeise	Hauptgericht	Nachspeise
1. Möglichkeit			
2. Möglichkeit			
3. Möglichkeit			
4. Mögl.			

2 Setze die fehlenden Zahlen und Rechenzeichen ein.

23		36	=	59
+		–		+
	–		=	21
=				=
	+	25	=	80

	+	50	=	260
		·		+
		7	=	
=		=		=
260	+		=	

3 Ziehe die Linien in einem Zug nach. Du darfst jede Linie nur einmal nachziehen.

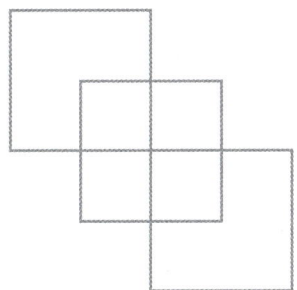

4 Max hat einen Eimer für 10 l und einen Eimer für 6 l. Er will genau 8 l in eine Wanne füllen. Wie kann er 8 l abmessen?

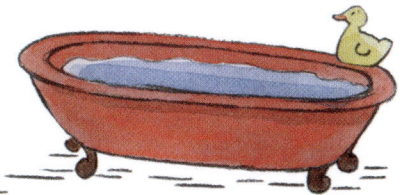

Rechnen mit Größen – Kommaschreibweise

1 Max kauft Erdbeeren für 3,38 €.
Er hat 4,70 € mit.
Wie viel Geld hat Max übrig?

Aufgabe:

Antwort: _____

_____

2 Anna springt beim Schulsportfest 3,42 m weit.
Maria springt 2,28 m weit. Wie viele Zentimeter ist Anna weiter gesprungen?

Aufgabe:

Antwort: _____

_____

3 a) 22,44 € + 13,71 €   b) 12,98 € + 27,63 €   c) 32,76 € − 21,53 €

4 Schreibe mit Komma und rechne dann.

| 236 cm + 2,69 m | 7,44 m − 248 cm | 12,76 m − 728 cm |

5 Wie viel Geld hat jedes Kind nach dem Einkauf noch?

Anna hat:

Sie kauft für 4,26 € ein.

Max hat:

Er kauft für 6,59 € ein.

Maria hat:

Sie kauft für 11,53 € ein.

Antwort: _____   Antwort: _____   Antwort: _____

Vierecke – Dreiecke

1. Zeichne Quadrate.

   a)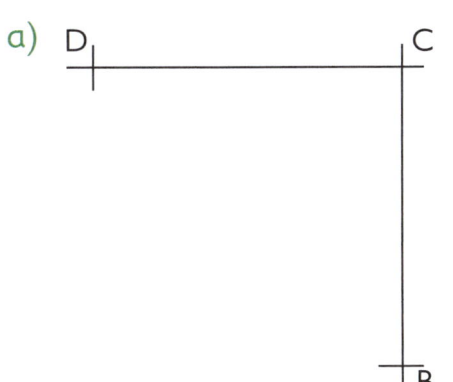
   b)
   c)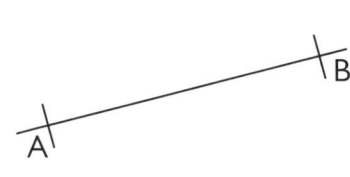

2. Zeichne Rechtecke.

   a)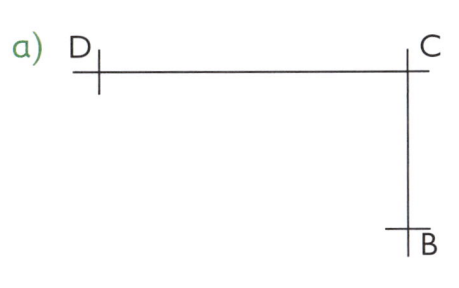
   b)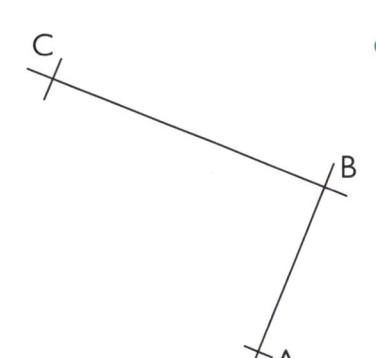
   c)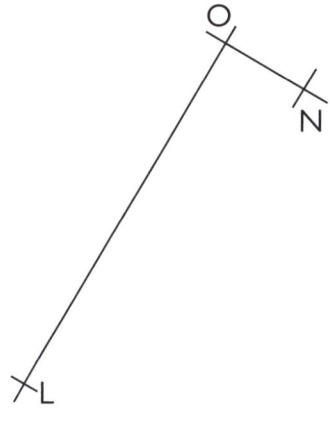

3. Zerlege das Quadrat durch Einzeichnen einer Strecke in:

   a) zwei Dreiecke

   b) zwei Rechtecke

   c) ein Dreieck und ein Viereck.

4. Zerlege das Quadrat durch Einzeichnen zweier Strecken in:

   a) vier Dreiecke

   b) drei Dreiecke

   c) zwei Dreiecke und ein Viereck.

Parallelogramme

1 Zeichne nur die Parallelogramme farbig nach.

 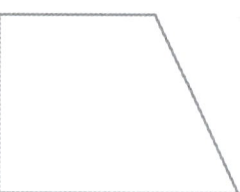 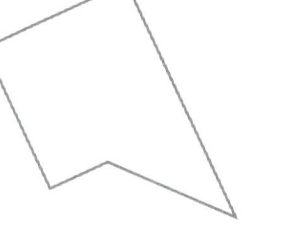 

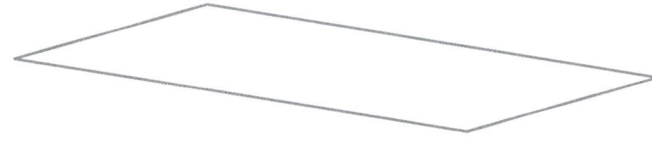  

2 Ergänze so, dass Parallelogramme entstehen. Benenne die Eckpunkte.

a)    C

b) 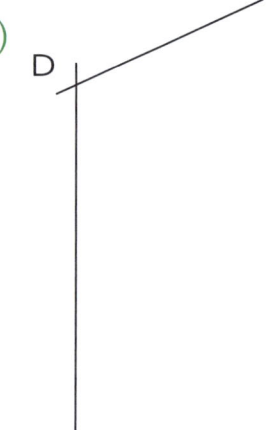   D

c)    A

3 Zeichne Parallelogramme mit den angegebenen Seitenlängen.

a) $\overline{AB}$ = 6,5 cm, $\overline{AD}$ = 4 cm

b) $\overline{HG}$ = 35 mm, $\overline{FG}$ = 70 mm

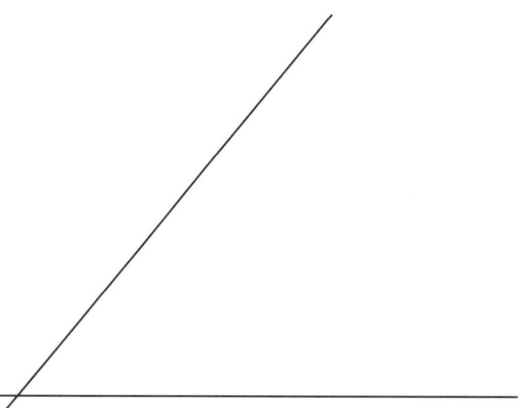   A

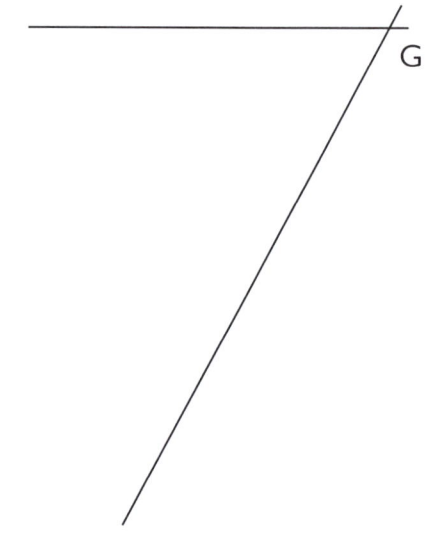   G

Vielfache und Teiler einer Zahl

1 Welche Zahlen erreichen das rote Rechteck, das grüne Quadrat oder das blaue Parallelogramm? Trage sie ein.

Tipp: Die Zahlen dürfen auch mehrmals eingetragen werden.

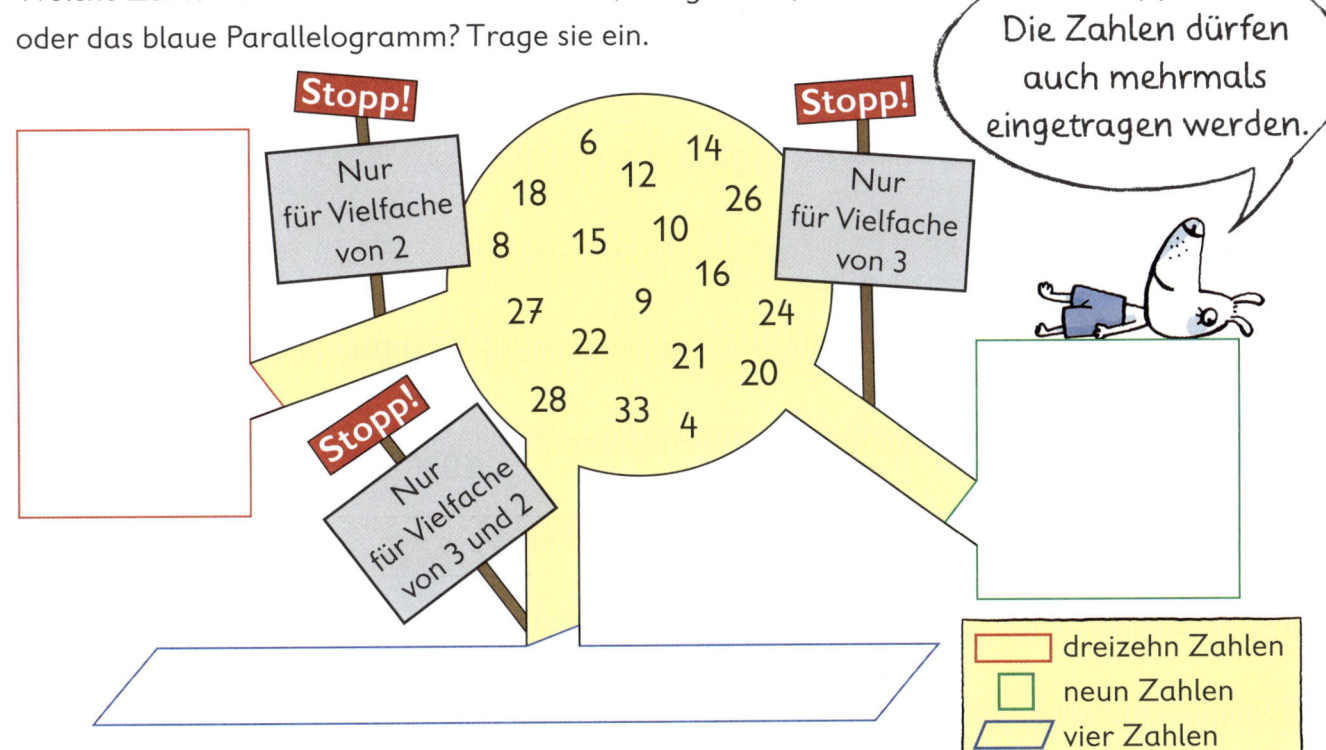

☐ dreizehn Zahlen
☐ neun Zahlen
▱ vier Zahlen

2 6 ist Vielfaches von 3, 2 und 1, weil 2 · 3 = 6, 3 · 2 = 6, 6 · 1 = 6.

15 ist Vielfaches von _____, weil _____

30 ist Vielfaches von _____, weil _____
_____

3 Finde möglichst viele Teiler.

24 hat die Teiler _____   36 hat die Teiler _____

45 hat die Teiler _____   56 hat die Teiler _____

4 Finde mindestens drei Zahlen, die

a) Vielfache von 7 sind: _____

b) Vielfache von 9 sind: _____

5 Schreibe mindestens drei Zahlen auf, die

a) durch 3 und 6 teilbar sind: _____

b) durch 2, 4 und 8 teilbar sind: _____

6 Die gesuchte Zahl ist Teiler von 20 und 16. Sie ist größer als 2.

Die gesuchten Zahlen sind Vielfache von 2 und 9. Sie sind kleiner als 70.

Multiplizieren und Dividieren mit 10 und mit 100

1
a) 7 · 10 = ☐   b) 10 · 12 m = ☐ m   c) 4 · 100 € = ☐ €
27 · 10 = ☐   10 · 17 m = ☐ m   7 · 100 € = ☐ €
10 · 6 = ☐   44 m · 10 = ☐ m   100 · 9 € = ☐ €
10 · 79 = ☐   63 m · 10 = ☐ m   100 · 6 € = ☐ €

60	70
120	170
270	400
440	600
630	700
790	900

2
a) 640 : 10 = ☐   b) 520 ct : 10 = ☐ ct   c) 700 cm : 100 = ☐ cm
290 : 10 = ☐   990 ct : 10 = ☐ ct   100 cm : 100 = ☐ cm
760 : 10 = ☐   400 ct : 10 = ☐ ct   600 cm : 100 = ☐ cm
900 : 10 = ☐   1000 ct : 10 = ☐ ct   1000 cm : 100 = ☐ cm

1   6   7   10   29   40   52   64   76   90   99   100

3

:	10	100
700		
100		
900		
1000		

4 · 10

57	
91	
	100
	640

5 : 100

600	
1000	
	4
	10

6
a)
66 · 10 → ☐ ; : ☐
91 · 10 → ☐ ; : ☐
79 · ☐ → 790 ; : ☐

b)
200 : 100 → ☐ ; · ☐
1000 : ☐ → 10 ; · ☐
850 : ☐ → 85 ; · ☐

7
a) Die Zahl mit 100 multipliziert ergibt 0. ☐
b) Das Zehnfache der Zahl ist 700. ☐
c) Das Doppelte der Zahl ist 1000. ☐
d) Die Zahl durch 100 dividiert ergibt 10. ☐

Multiplizieren und Dividieren mit Zehnerzahlen

1 Setze die Aufgabenfolgen fort und rechne.

a) 1 · 40 = ☐
   3 · 40 = ☐
   5 · 40 = ☐
   ☐ · 40 = ☐
   ☐ · 40 = ☐

b) 1 · 90 = ☐
   3 · 90 = ☐
   5 · 90 = ☐
   ☐ · 90 = ☐
   ☐ · 90 = ☐

40 90 120 200 270 280 360 450 630 810

2 Berechne die Quotienten.

a) 270 : 30 = ☐
   720 : 90 = ☐
   420 : 60 = ☐
   180 : 20 = ☐
   350 : 50 = ☐

b) 420 : 70 = ☐
   240 : 30 = ☐
   810 : 90 = ☐
   360 : 40 = ☐
   180 : 30 = ☐

6 6 7 7 8 8 9 9 9 9

3 Bilde Aufgabenfamilien.

a) 60   9   540

b) 8   160   20

c) 240   60   4

d) 3   90   270

4 Setze das richtige Zeichen: < = >.

a) 3 · 80 ◯ 240
   5 · 60 ◯ 250

b) 320 : 40 ◯ 6
   450 : 50 ◯ 9

c) 490 : 70 ◯ 560 : 80
   40 · 9 ◯ 80 · 5

5 Zerlege jede Zahl in ein Produkt mit einer Zehnerzahl.

280 = 4 · 70
280 = 70 · 4

420 = ☐ · ☐
420 = ☐ · ☐

560 = ☐ · ☐
560 = ☐ · ☐

720 = ☐ · ☐
720 = ☐ · ☐

6 a) Die Kinder der 3. Klassen sind auf dem Ponyhof. Einmal Ponyreiten kostet 3 €. Insgesamt hat der Reitlehrer 40 Reitkarten verkauft. Wie viel Geld hat er eingenommen?

b) Die Kinder der 4. Klassen haben doppelt so viele Reitkarten gekauft. Wie viel Geld haben sie dafür bezahlt?

c) Wie viel Euro hat der Reitlehrer insgesamt eingenommen?

Aufgaben:

Antwort c): _____

Punktrechnung und Strichrechnung in einer Aufgabe

1 a) 2 · 7 + 80 =   b) 25 + 3 · 6 =   c) 68 + 5 · 50 =

d) 348 + 7 · 30 =   e) 420 − 3 · 6 =   f) 6 · 7 − 15 =

g) 9 · 8 − 63 =   h) 134 − 9 · 8 =   i) 465 − 3 · 20 =

Lösungen zu ① und ②: 3 9 27 43 62 94 100 318 402 405 518 558 621

2 a) 210 : 30 − 4 =   b) 93 + 490 : 70 =

c) 522 − 320 : 80 =   d) 651 − 180 : 6 =

3 a) 3 · 5 + 6 · 10 =   b) 4 · 60 − 2 · 90 =

8 · 8 − 2 · 20 =   8 · 30 + 3 · 80 =

9 · 4 − 8 · 3 =   8 · 10 − 4 · 20 =

Punktrechnung geht vor Strichrechnung.

4 Setze das richtige Zeichen: < = >.

a) 3 · 9 + 2 · 8 ◯ 49   b) 7 · 20 − 32 ◯ 108   c) 4 · 6 + 3 · 5 ◯ 4 · 10 − 8

36 : 6 + 9 : 3 ◯ 12   500 : 10 − 25 ◯ 21   32 : 8 − 8 : 4 ◯ 6 : 2 + 2

Aufgaben mit Klammern

1 a) 5 · (9 + 6) = ☐ b) (23 + 7) · 4 = ☐
   8 · (16 − 9) = ☐   (13 − 8) · 9 = ☐
   6 · (4 + 8) = ☐   (27 + 3) · 8 = ☐
   3 · (6 + 4) = ☐   (64 + 6) · 3 = ☐

Immer erst die Aufgabe in der Klammer lösen.

30 45 56 72 75 120 210 240

2 a) (64 − 24) : 5 = ☐   b) 350 : (15 − 8) = ☐   c) (420 − 60) : 60 = ☐
   (30 + 60) : 3 = ☐   600 : (20 + 40) = ☐   (730 + 80) : 90 = ☐
   (90 − 30) : 2 = ☐   800 : (90 − 50) = ☐   (540 − 90) : 50 = ☐
   (80 + 40) : 4 = ☐   420 : (40 + 20) = ☐   (490 + 70) : 80 = ☐

6 7 7 8 9 9 10 20 30 30 30 50

3 Kettenaufgabe: 6 · 50 → : 70 → ☐ → · 80 → + 40 → : 9 → · 7 → + 10 → · 2
(mit Zwischenschritten + 190, + 30)

4 Finde die Aufgabe und löse sie.

- Bilde die Summe aus 40 und 30 und multipliziere sie mit 9.
- Bilde die Differenz aus 810 und 90 und dividiere sie durch 80.
- Multipliziere die Differenz aus 90 und 70 mit der Zahl 50.
- Dividiere die Summe aus 340 und 160 durch 50.

5 Setze das richtige Zeichen: < = >.

a) 3 · (30 + 40) ◯ 5 · (70 − 50)
   8 · (40 + 60) ◯ 4 · (240 − 40)
   9 · (20 + 30) ◯ 6 · (150 − 60)

b) (210 + 40) · 2 ◯ (50 + 30) : 8
   (900 − 600) · 3 ◯ (450 − 150) · 2
   (250 + 150) : 50 ◯ (25 + 15) : 5

Multiplizieren zweistelliger Zahlen mit einstelligen Zahlen

① 6 · 15   8 · 17   15 · 7

② Immer zwei Aufgaben haben das gleiche Ergebnis. Färbe sie mit derselben Farbe.

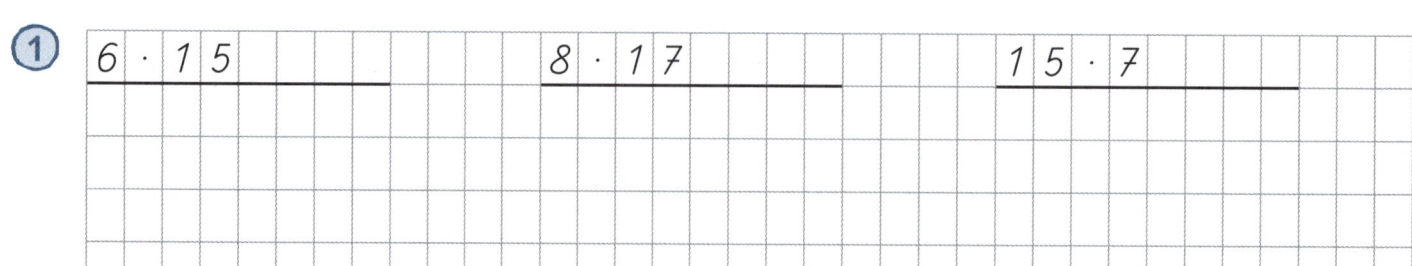

③ 8 · 45   34 · 7   28 · 8

④ Löse die Rätsel.

| das 5-fache von 93 | das 7-fache von 89 | das 9-fache von 53 |

Dividieren zweistelliger Zahlen durch einstellige Zahlen

1 a) 75 : 5 =   b) 84 : 4 =   c) 33 : 3 =

54 : 3 =   64 : 2 =   80 : 5 =

88 : 4 =   96 : 8 =   90 : 6 =

98 : 7 =   90 : 5 =   84 : 7 =

2 Rechne. Was stellst du fest?

a)
:	2	3	6	7
84				
42				

b)
:	2	3	4	6
48				
96				

3 Ordne den Aufgaben die Lösung zu.

4

| Der Dividend ist 69. Der Divisor ist 3. Berechne den Quotienten. | Welche Zahlen zwischen 60 und 80 lassen sich durch 3 und 4 teilen? | Die Faktoren sind 8 und 22. Berechne das Produkt. |

Multiplizieren und Dividieren

1 a) 15 · 2 =   b) 25 · 2 =   **2** a) 96 : 2 =   b) 96 : 8 =
   30 · 2 =   25 · 4 =   48 : 2 =   96 : 6 =
   45 · 2 =   25 · 6 =   24 : 2 =   96 : 4 =
   90 · 2 =   25 · 8 =   12 : 2 =   96 : 2 =

30 50 60 90 100 150 180 200

6 12 12 16 24 24 48 48

3 Setze das richtige Zeichen: < = > .

a) 4 · 15 ○ 2 · 35   b) 84 : 4 ○ 66 : 3   c) 9 · 22 ○ 4 · 63
   7 · 21 ○ 8 · 18   68 : 2 ○ 99 : 3   95 : 5 ○ 38 : 2
   6 · 12 ○ 7 · 13   70 : 5 ○ 51 : 3   8 · 55 ○ 6 · 72

4 In einer Konservenfabrik werden Dosen mit Früchten in Kartons verpackt. In einen Karton kommen immer 8 Dosen. Wie viele Kartons werden für 96 Dosen benötigt?

Aufgabe: Antwort: _____

5 Eine Wandergruppe will täglich 32 km wandern. Sie ist eine Woche unterwegs und legt nur einen Ruhetag ein. Wie viele Kilometer wandert die Gruppe in der Woche?

Aufgabe: Antwort: _____

Vergleichen von Flächen

1 Ordne die Flächen nach ihrer Größe.

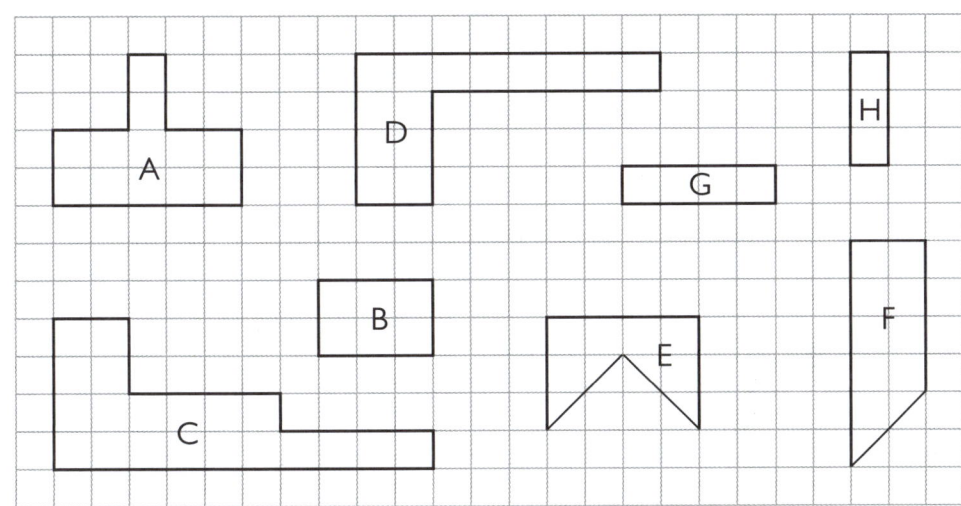

Beginne mit der größten Fläche: _____

2 Wie oft passt das Quadrat in die Figuren? Wie oft passt das Dreieck in die Figuren?

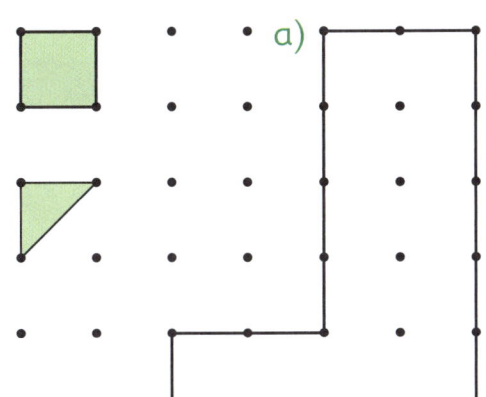
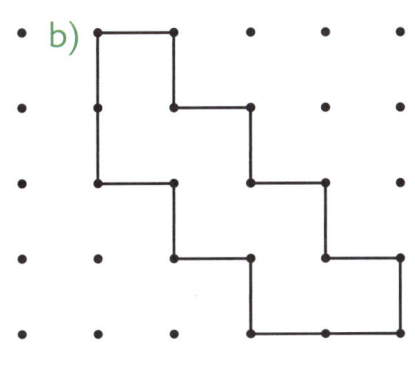
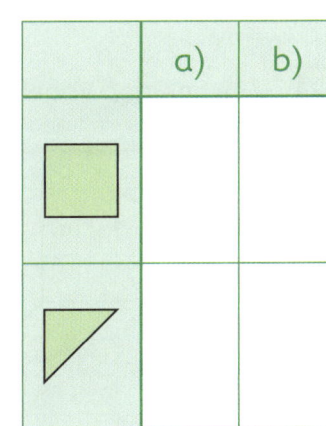

3 a) Welche Figur ist doppelt so groß wie die Figur B?

Antwort: Die Figur ☐ ist doppelt so groß wie die Figur B.

b) Stimmt es, dass die Figur A halb so groß wie die Figur D ist? Antwort: _____

Begründe: _____

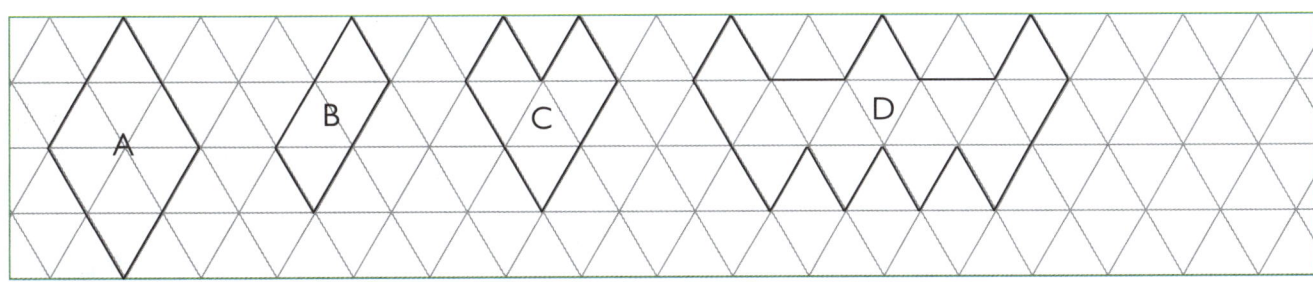

1: Größe der Flächen durch Auszählen bestimmen, nach Vorschrift ordnen
2: Anzahl bestimmen und in die Tabelle eintragen 3: Flächengrößen ermitteln und vergleichen, antworten
LB ● 98 TÜ ● 47

 # Vergrößern – Verkleinern

1 Zeichne die Katze doppelt so groß.

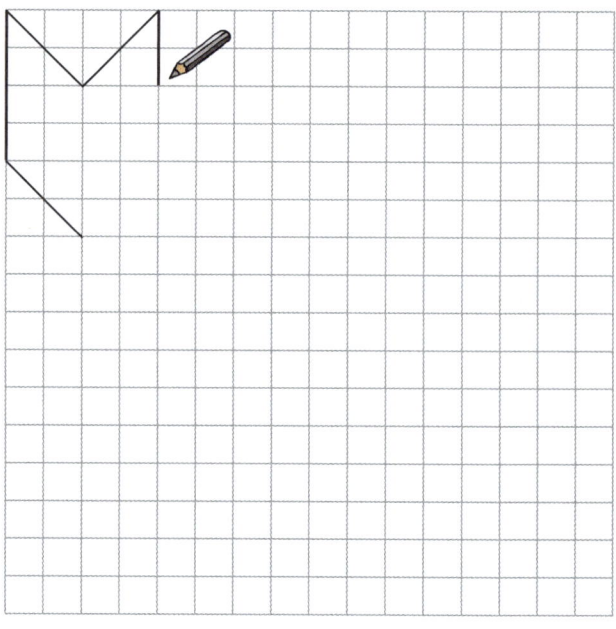

2 Zeichne den Vogel halb so groß.

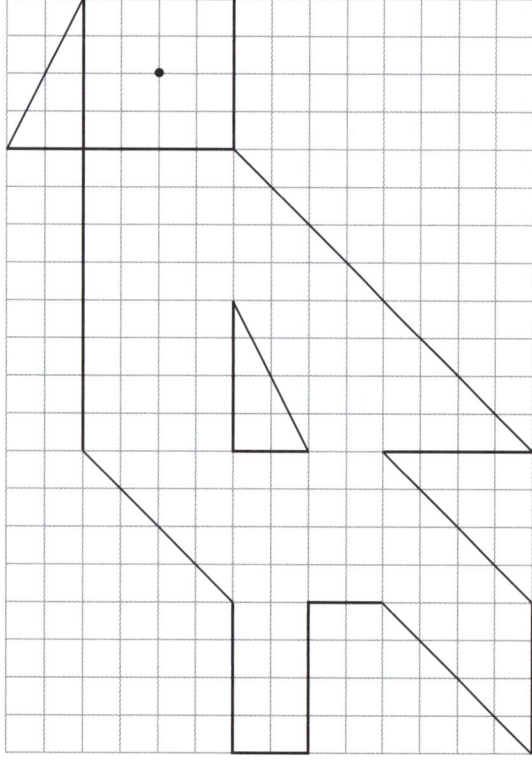

Zeichnen von Kreisen

1 a) Gib den Radius und den Durchmesser des roten Kreises an.

r = ☐☐ mm   d = ☐☐ mm

r = ☐ cm   d = ☐ cm

b) Zeichne um M einen Kreis mit einem Durchmesser, der 1 cm größer ist als der des roten Kreises.

c) Zeichne um M einen Kreis mit einem Durchmesser, der 1 cm kleiner ist als der des roten Kreises.

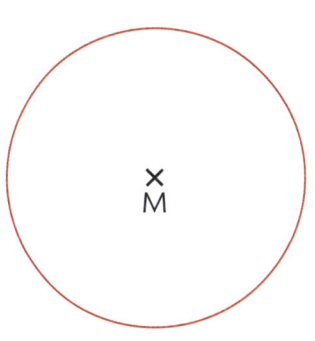

2 Zeichne die Kreismuster weiter. Male sie farbig aus.

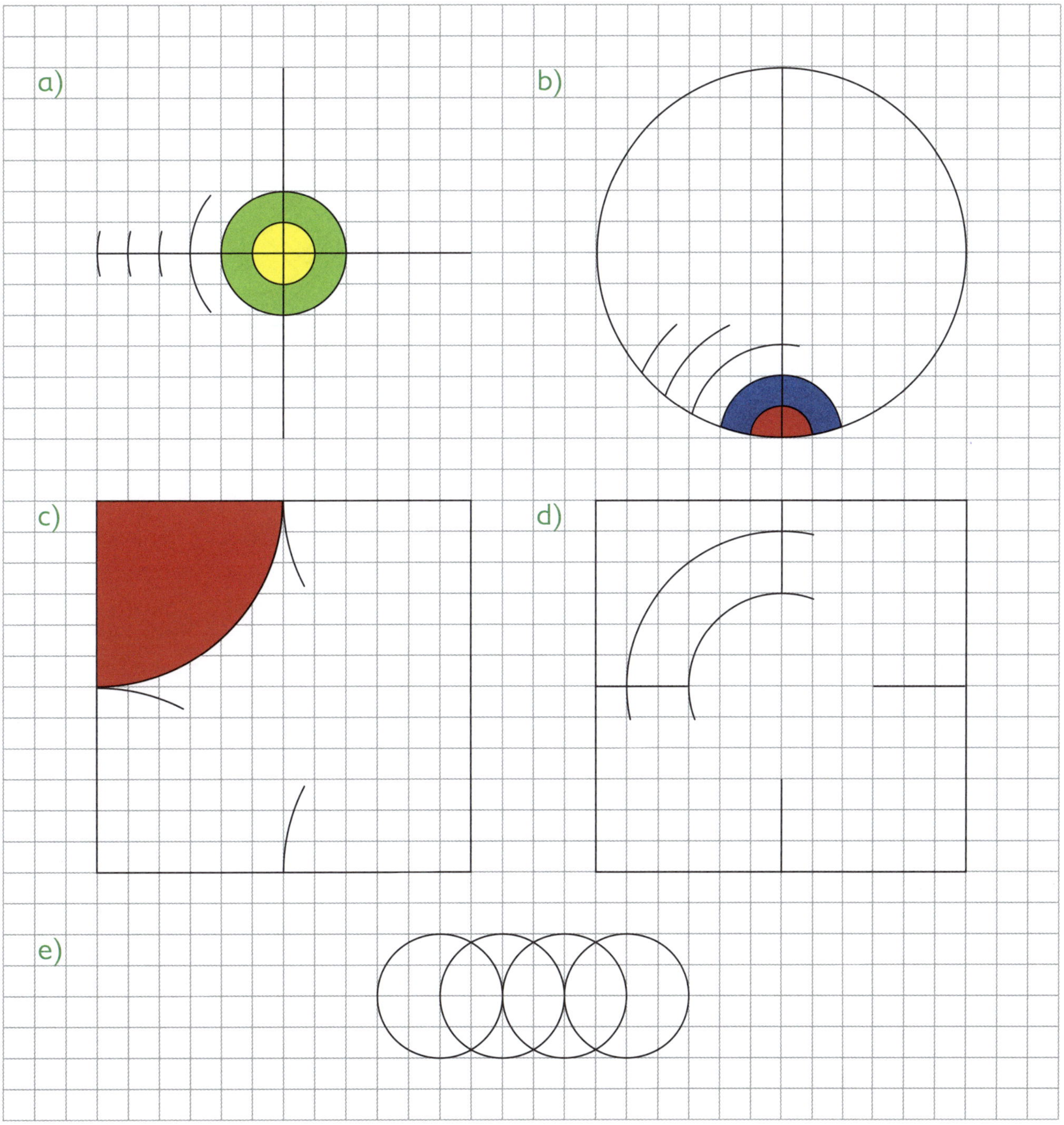

a) b) c) d) e)

1: Durchmesser und Radius bestimmen, Kreise nach Vorgabe zeichnen
2: Muster weiterführen und färben
LB ▶ 100   TÜ ▶ 49

51

Achsensymmetrische Figuren

1 Finde möglichst viele Symmetrieachsen. Zeichne sie rot ein.
Male die Muster symmetrisch aus.

2 Ergänze zu symmetrischen Figuren.

a)

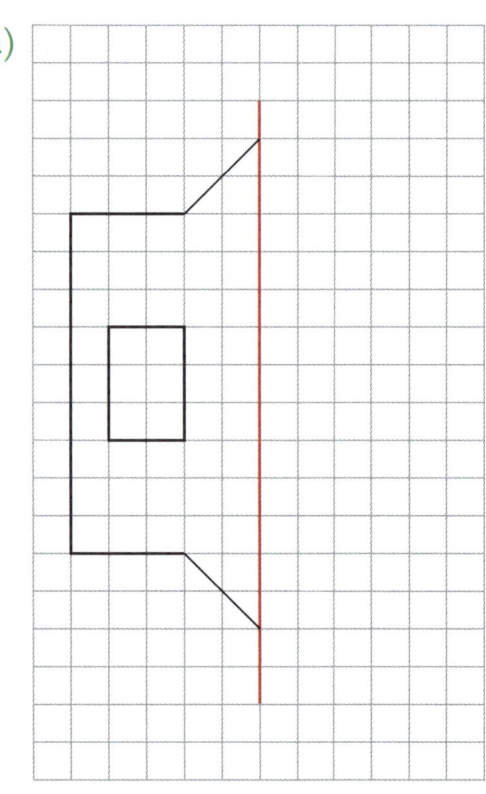

b)

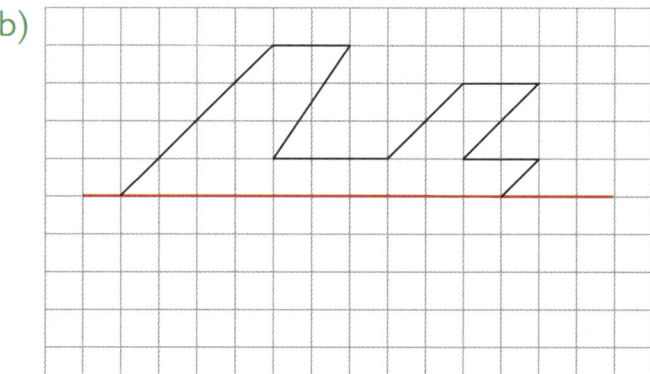

c)

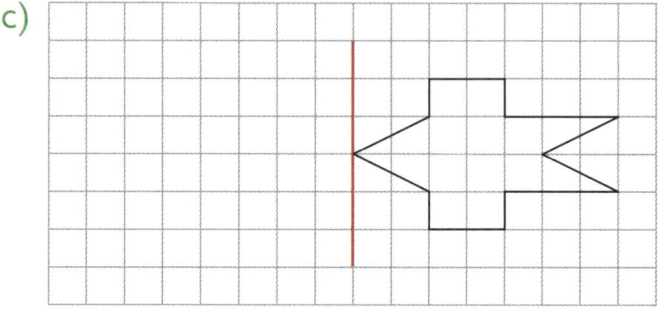

Achsensymmetrische Figuren – Bandornamente

1 Ergänze zu symmetrischen Figuren.
Welche Tiere könnten es sein?

a)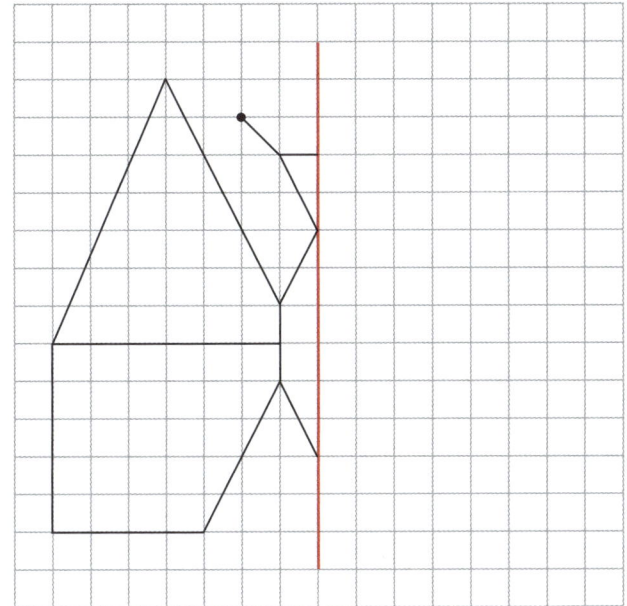

b)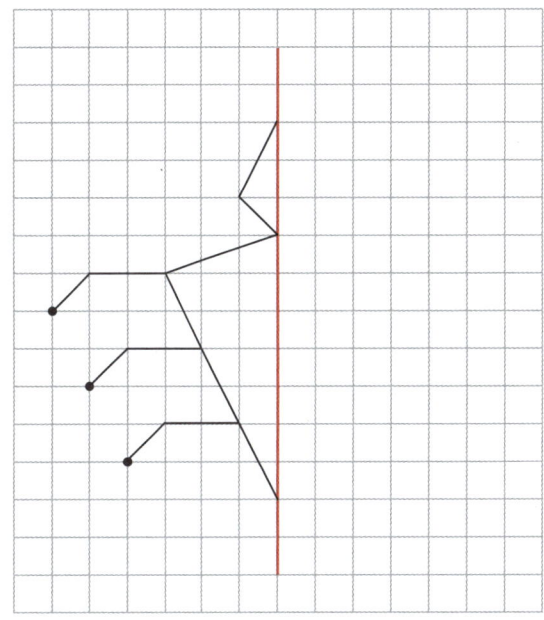

2 Zeichne das Bandornament weiter.

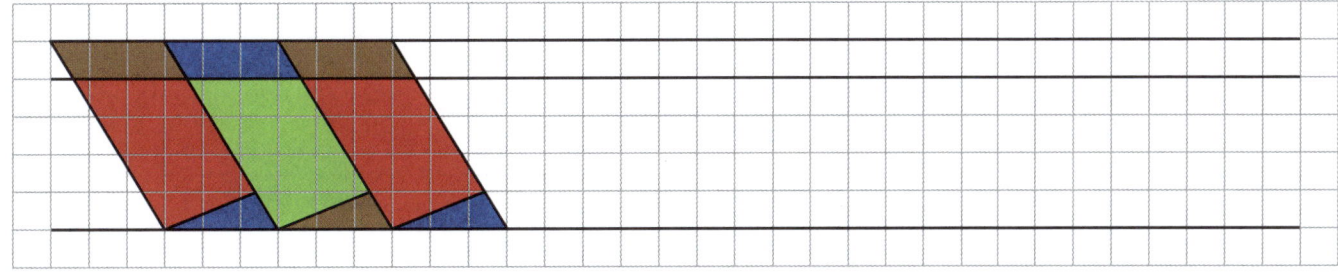

3 Die Bandornamente enthalten Fehler. Kreise die Fehler ein.

a)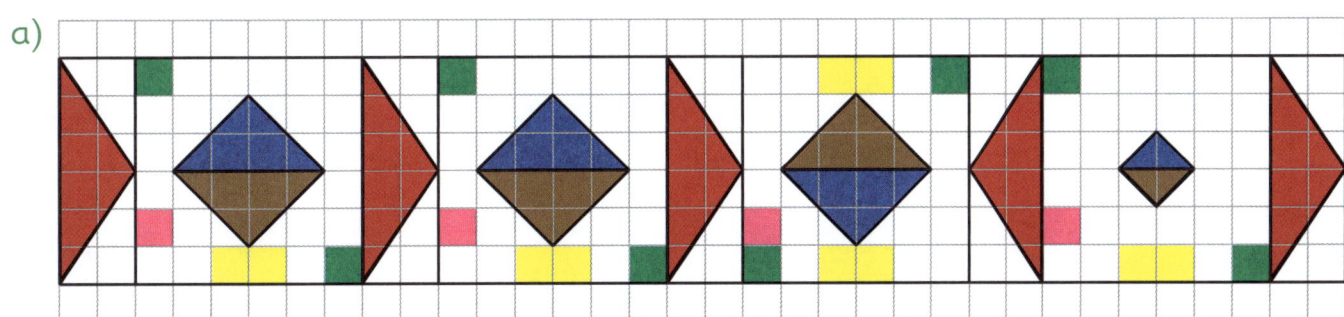

b)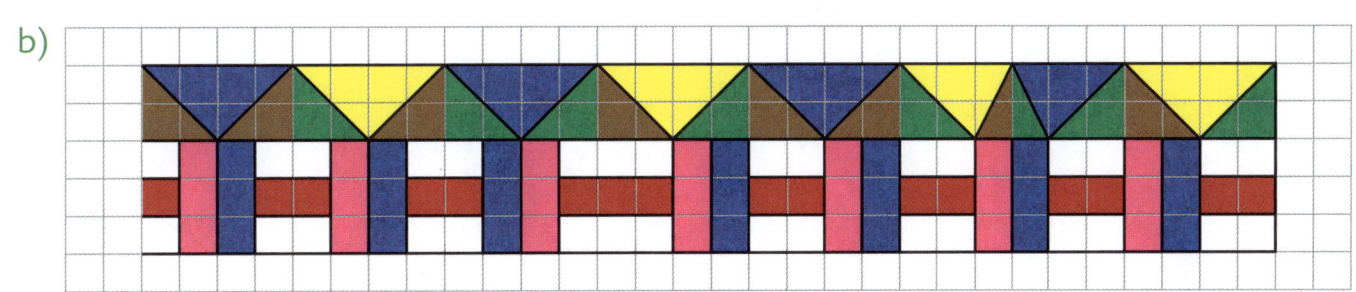

1: Achsensymmetrische Figuren zeichnen   2: Bandornament weiterführen   3: Fehler finden

Multiplizieren zweistelliger Zahlen mit Zehnerzahlen

① 30 · 27   23 · 30   40 · 23

② 70 · 13   43 · 20   16 · 60

③ Hier kannst du vorteilhaft rechnen. (20 − 1 = 19)

50 · 19   29 · 30   39 · 20

Lösungen zu ① ② ③ : 690 780 810 860 870 910 920 950 960

④ Der Kranfahrer steigt jeden Tag 40 Stufen zu seiner Kabine. Wie viele Stufen steigt er in einem Monat mit 23 Arbeitstagen hoch und runter?

Antwort: _____

⑤ Mit der Differenz aus 42 und 28 findest du die fehlenden Zahlen.

28 42 … … … … … 126

54

1 bis 3: Halbschriftliches Multiplizieren, Rechenvorteile nutzen.
3: Inhalt erfassen, Aufgabe finden, lösen und antworten 5: Fehlende Zahlen eintragen.
LB 104–105 TÜ 51

Multiplizieren ohne Übertrag

1)

H Z E	H Z E	H Z E	H Z E
3 1 4 · 2	2 3 1 · 3	4 4 2 · 2	1 2 0 · 4
H Z E	H Z E	H Z E	H Z E

480 628
693 884

2) Erst den Überschlag und dann multiplizieren.

Ü: ____   342 · 2
Ü: ____   102 · 4
Ü: ____   233 · 3

Ü: ____   113 · 3
Ü: ____   423 · 2
Ü: ____   301 · 3

339
408
684
699
846
903

3)

Berechne das Dreifache von 123.

Berechne das Doppelte von 434.

Berechne das Sechsfache von 111.

Punktrechnung geht vor Strichrechnung!

4)

2 · 320 + 278
640   + 278

278 + 3 · 212

4 · 212 − 3 · 103

Erst die Aufgabe in der Klammer lösen, dann multiplizieren!

(2 7 8 + 1 5 4) · 2

3 · (7 2 2 − 4 8 9)

539
699
864
914
918

Multiplizieren mit Übertrag

1 Überschlage zuerst, multipliziere dann.

Ü: ___   325 · 3
Ü: ___   239 · 2
Ü: ___   118 · 4

Ü: ___   209 · 3
Ü: ___   482 · 2
Ü: ___   171 · 5

Ü: ___   263 · 3
Ü: ___   93 · 3
Ü: ___   194 · 4

279 472 478 627 776 789 855 964 975

2 Welcher Schmetterling setzt sich auf welche Blume? Male mit derselben Farbe aus.

116 · 8   135 · 7   198 · 3   76 · 9   108 · 6

684   945   648   928   594

3 Lisas Vati fährt mit seinem Auto zur Arbeit. Die Strecke von zu Hause bis zum Betrieb ist 89 km lang. Wie viele Kilometer fährt er von Montag bis Freitag?

Aufgabe: ___   Antwort: ___

Dividieren dreistelliger Zahlen durch einstellige Zahlen

1 240 : 5   220 : 4   440 : 8

   105 : 7   159 : 3   909 : 9

Lösungen zu ① ②:
15
48
53
55
55
101
35 R 2
74 R 3
95 R 1

2 Aufpassen! Hier bleibt beim Dividieren ein Rest.

   191 : 2   373 : 5   142 : 4

3 Vervollständige zuerst die Aufgabenfolgen. Dividiere dann.

a) 189 : 9 =
   180 : 9 =
   171 : 9 =
   ___ : _ =
   ___ : _ =

b) 147 : 7 =
   154 : 7 =
   161 : 7 =
   ___ : _ =
   ___ : _ =

c) 320 : 8 =
   336 : 8 =
   352 : 8 =
   ___ : _ =
   ___ : _ =

4 Von 104 Kindern der 3. Klassen trainiert die Hälfte in einer Sportgruppe. Ein Viertel der Kinder arbeitet regelmäßig in der Töpfer-Werkstatt.

Fragen: _____

Aufgaben:

Antworten: _____

Multiplizieren und Dividieren

1 Bilde Aufgabenfamilien.

a) 4 43 172   b) 6 33 198   c) 42 7 294   d) 5 125 25

2 Anna hat drei CDs gekauft. Auf jeder CD sind 80 Minuten Musik.
Wie viele Stunden Musik kann sie hören?

Aufgabe:

Antwort:

3 Ben fährt mit dem Fahrrad zur Schule. In einer Minute fährt er ungefähr 195 m. Für die Fahrt zur Schule braucht er ungefähr 5 min.

Anna kommt zu Fuß zur Schule. Sie legt in einer Minute eine Strecke von ungefähr 74 m zurück. Für den Schulweg benötigt sie 8 min.

Wer von den beiden hat den längeren Schulweg?

Aufgaben:

Antwort:

4 Rechne und male die Felder mit den Ergebnissen aus.

| 54 · 4 | 248 : 8 | 3 · 83 | 330 : 5 | 7 · 52 |
| 288 : 6 | 4 · 81 | 192 : 6 | 41 · 8 |

Rechne hier:

Zahlen im Feld: 248, 164, 224, 328, 290, 272, 216, 249, 322, 36, 48, 364, 116, 248, 66, 31, 160, 132, 324, 32, 13, 47, 333, 184, 25, 189

1: Aufgabenfamilien bilden   2 und 3: Inhalt erfassen, Aufgaben finden, lösen und antworten
4: Multiplizieren/Dividieren, Ergebnisse ausmalen

Minuten – Sekunden – Uhrzeit

① Gib jeweils die Vormittags- und die Nachmittagszeit an.

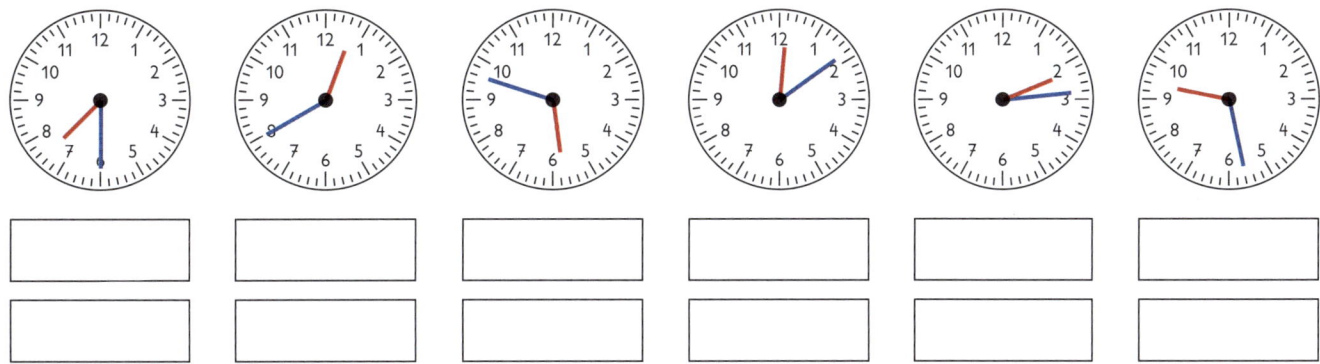

② Zeichne die Zeiger ein und ergänze die Uhrzeiten.

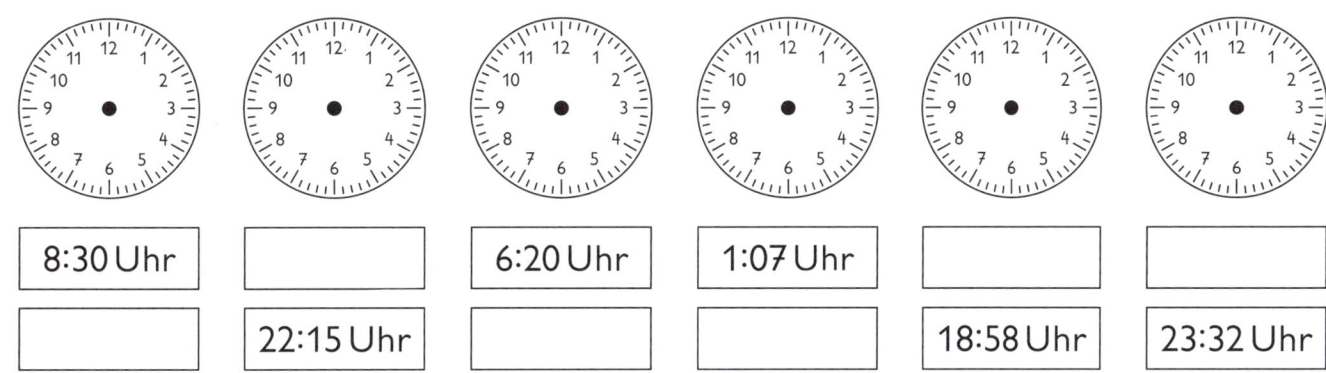

| 8:30 Uhr | | 6:20 Uhr | 1:07 Uhr | | |
| | 22:15 Uhr | | | 18:58 Uhr | 23:32 Uhr |

③ Schreibe auf, wie viele Sekunden seit 8:00 Uhr vergangen sind.

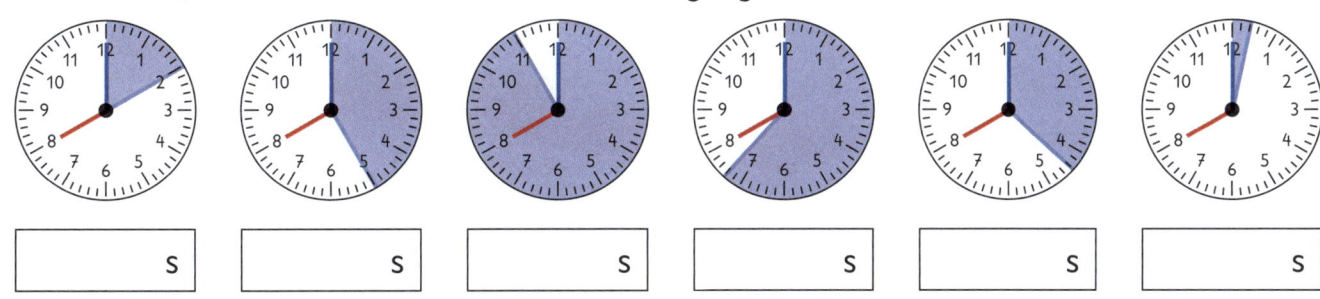

☐ s ☐ s ☐ s ☐ s ☐ s ☐ s

④ Rechne um.

a)
Stunden	1	3	7	4½	2¼				
Minuten						120	240	45	90	360

b)
Minuten	1	5	8	10	3				
Sekunden						300	120	420	540	660

1: Vormittags- und Nachmittagszeiten angeben   2: Uhrzeiten einzeichnen, fehlende Zeiten bestimmen
3: Sekunden ablesen   4: Zeitdauer umrechnen

Alle Einheiten der Zeit – Zeitpunkt und Zeitdauer

1

a)
s	min
180	
600	
	4
	6
	9

b)
min	h
	$\frac{1}{2}$
15	
	$3\frac{1}{2}$
90	
	$5\frac{3}{4}$

c)
h	Tage
48	
96	
	3
	10
	5

d)
Tage	Wochen
14	
28	
	5
	12
105	

2 Ordne. Beginne mit der kürzesten Zeit.

a) 60 s | 2 min | 30 s | 240 s | 90 s | 1 min 20 s | 10 min

b) 1 h | 120 min | $1\frac{1}{4}$ h | 90 min | 360 min | $2\frac{1}{2}$ h

3 Wie viel Zeit ist vergangen?

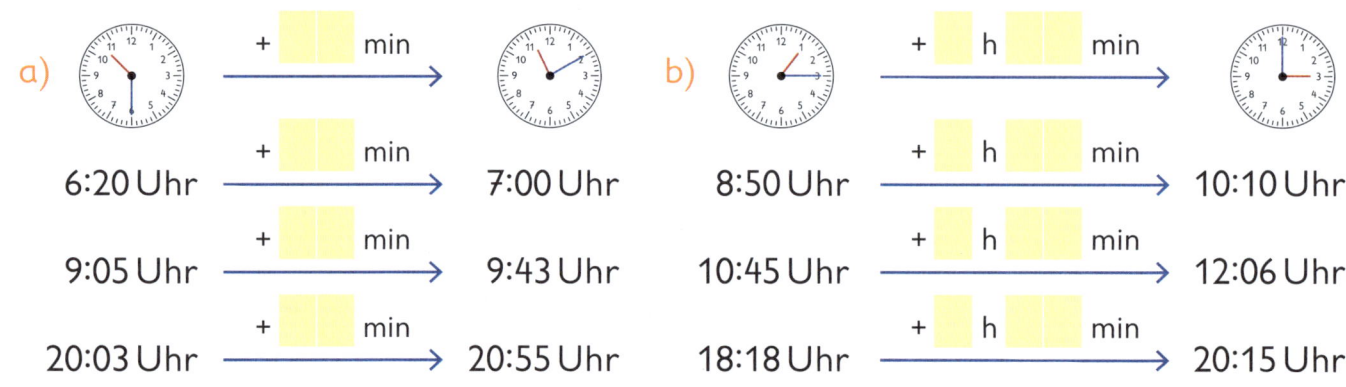

a)
6:20 Uhr → + ___ min → 7:00 Uhr
9:05 Uhr → + ___ min → 9:43 Uhr
20:03 Uhr → + ___ min → 20:55 Uhr

b)
8:50 Uhr → + ___ h ___ min → 10:10 Uhr
10:45 Uhr → + ___ h ___ min → 12:06 Uhr
18:18 Uhr → + ___ h ___ min → 20:15 Uhr

4 Trage die Ankunftszeit der Kinder ein.

	Abfahrt	Fahrzeit	Ankunft
Maria	8:15 Uhr	50 min	Uhr
Lisa	5:40 Uhr	3 h 20 min	Uhr
Anna	16:08 Uhr	1 h 40 min	Uhr
Max	7:35 Uhr	6 h 23 min	Uhr
Ben	5:55 Uhr	8 h 7 min	Uhr
Tom	6:47 Uhr	4 h 20 min	Uhr

Würfel – Quader

1 Wie viele Stäbchen und Knetkügelchen fehlen an den Kantenmodellen?

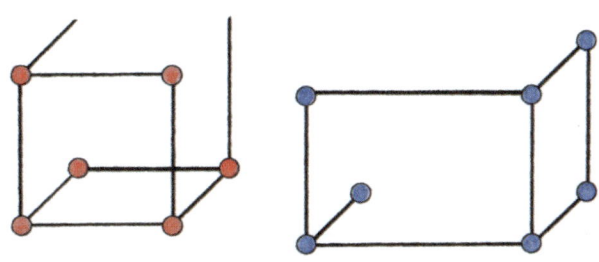

fehlende Stäbchen			
fehlende Kügelchen			

2 Baue Kantenmodelle von einem Würfel und einem Quader.
Wähle die passenden Stäbchen aus und färbe sie:

a) **rot** für das Kantenmodell des Würfels,

b) **blau** für das Kantenmodell des Quaders.

c) Gib an, wie viele Knetkügelchen du für die Ecken jedes Modells benötigst.

    ☐ Knetkügelchen Würfel   ☐ Knetkügelchen Quader

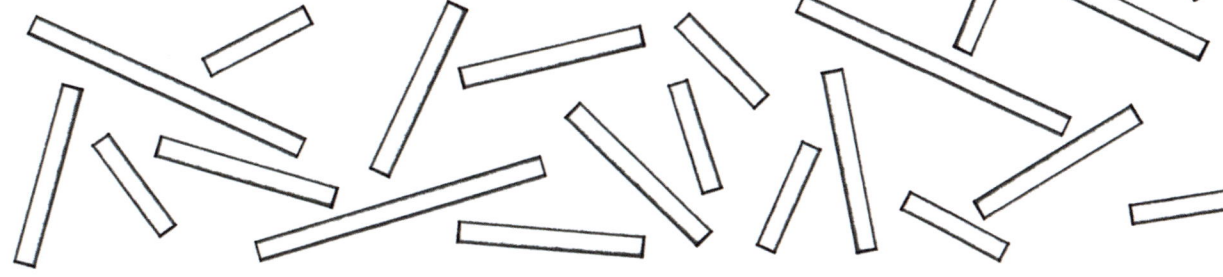

3 a) Durch die Paketschnur entstehen am Paket Rechtecke.
Wie viele sind es insgesamt? ☐ Rechtecke

b) Alle Seiten der Keksdose haben das gleiche Muster.
Wie viele Blumen sind insgesamt auf der Dose? ☐ Blumen

4 Kippe diesen Würfel erst nach hinten, dann nach rechts und dann noch einmal nach hinten.
Welche Augenzahlen siehst du nun?
Zeichne sie ein.

1: Anzahl der fehlenden Stäbchen und Kügelchen bestimmen   2: Stäbchen für den Würfel/Quader auswählen, Anzahl der Ecken angeben
3: Anzahlen bestimmen   4: Augenzahlen bestimmen und einzeichnen
LB ●118–119   TÜ ●59

Würfelnetze

1 Die gegenüberliegenden Flächen der Würfel sollen die gleiche Farbe bekommen.
Färbe die Flächen in den Würfelnetzen rot, blau und gelb.

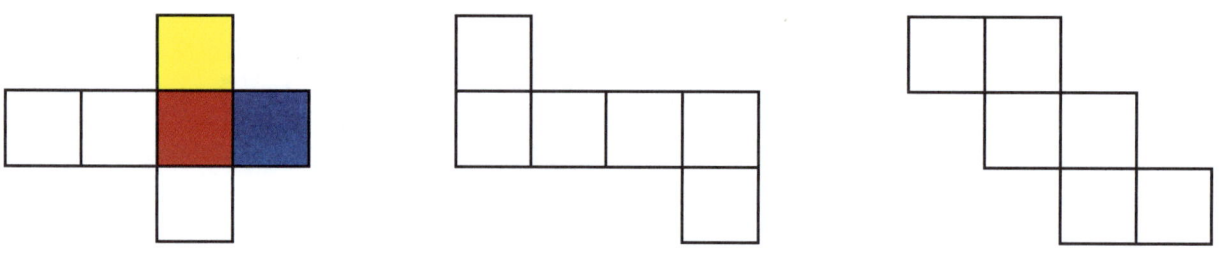

2 Vervollständige zu Würfelnetzen.

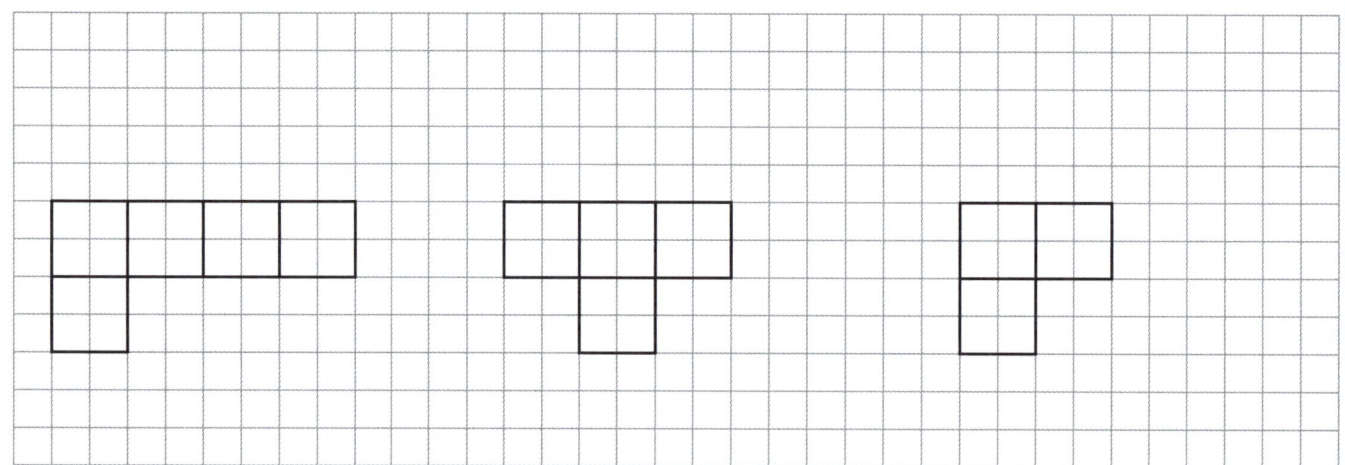

3 Ein Würfel hat die Kantenlänge von 25 mm.
Zeichne zu diesem Würfel ein Würfelnetz und zeichne die Augenzahlen ein.

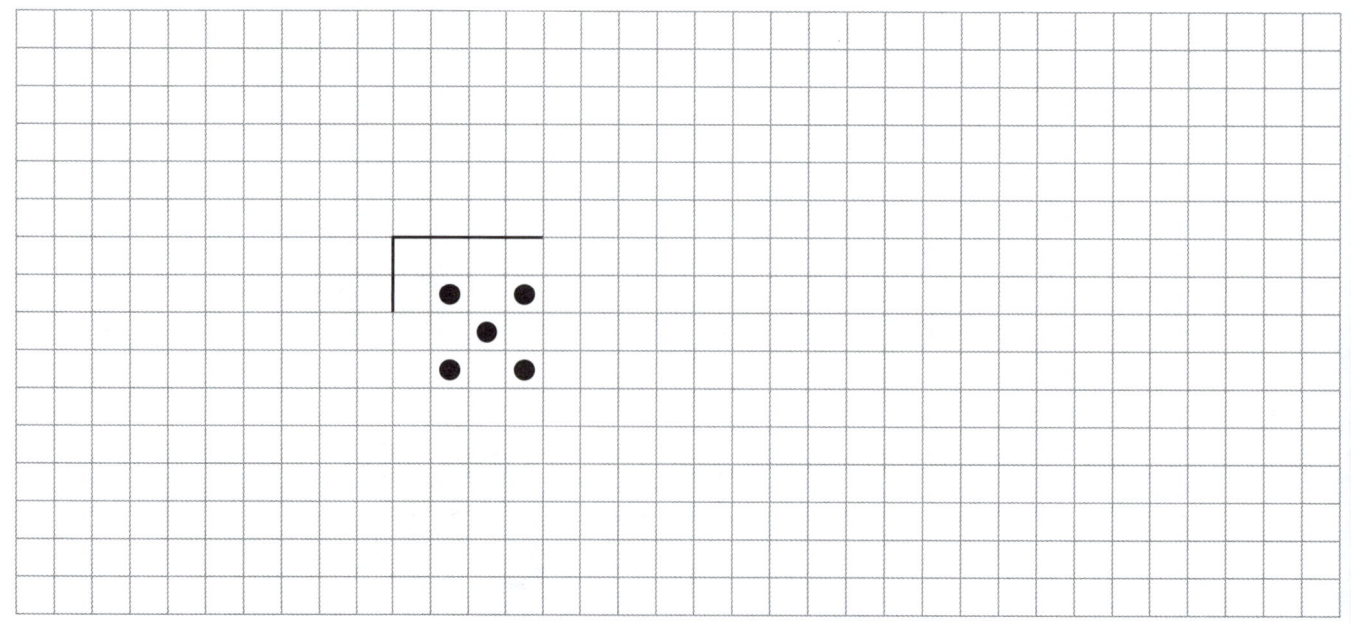

Quadernetze

1 Die gegenüberliegenden Flächen der Quader sollen die gleiche Farbe bekommen. Färbe die Flächen in den Quadernetzen **rot**, **blau** und **gelb**.

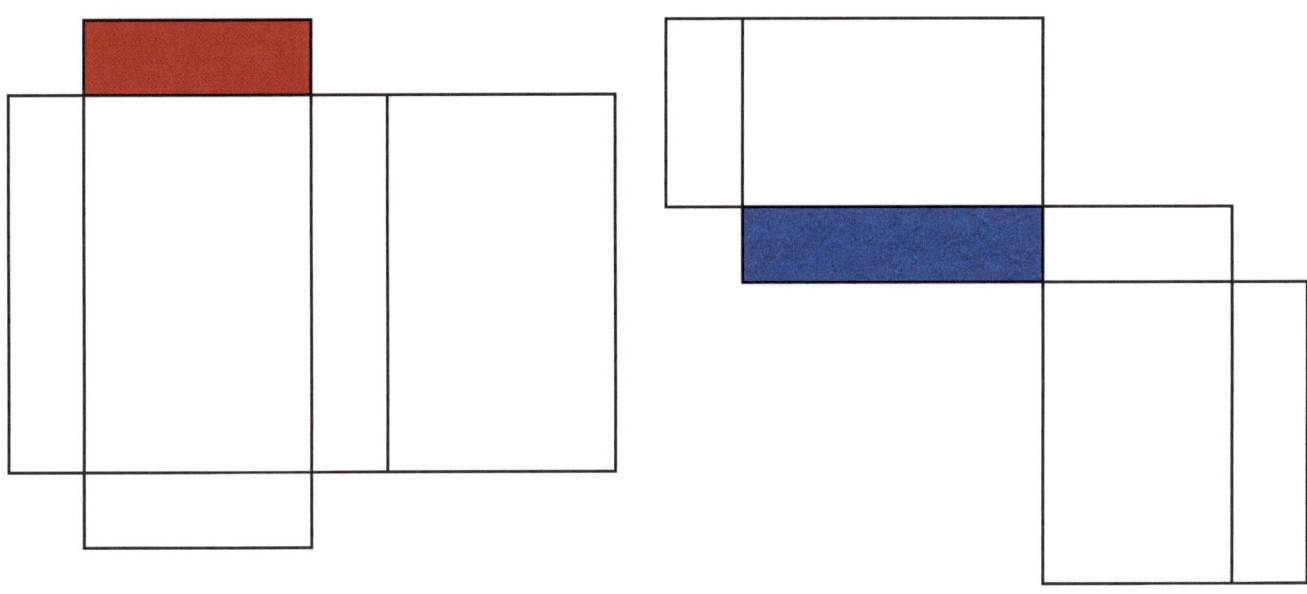

2 Ergänze zu Quadernetzen.

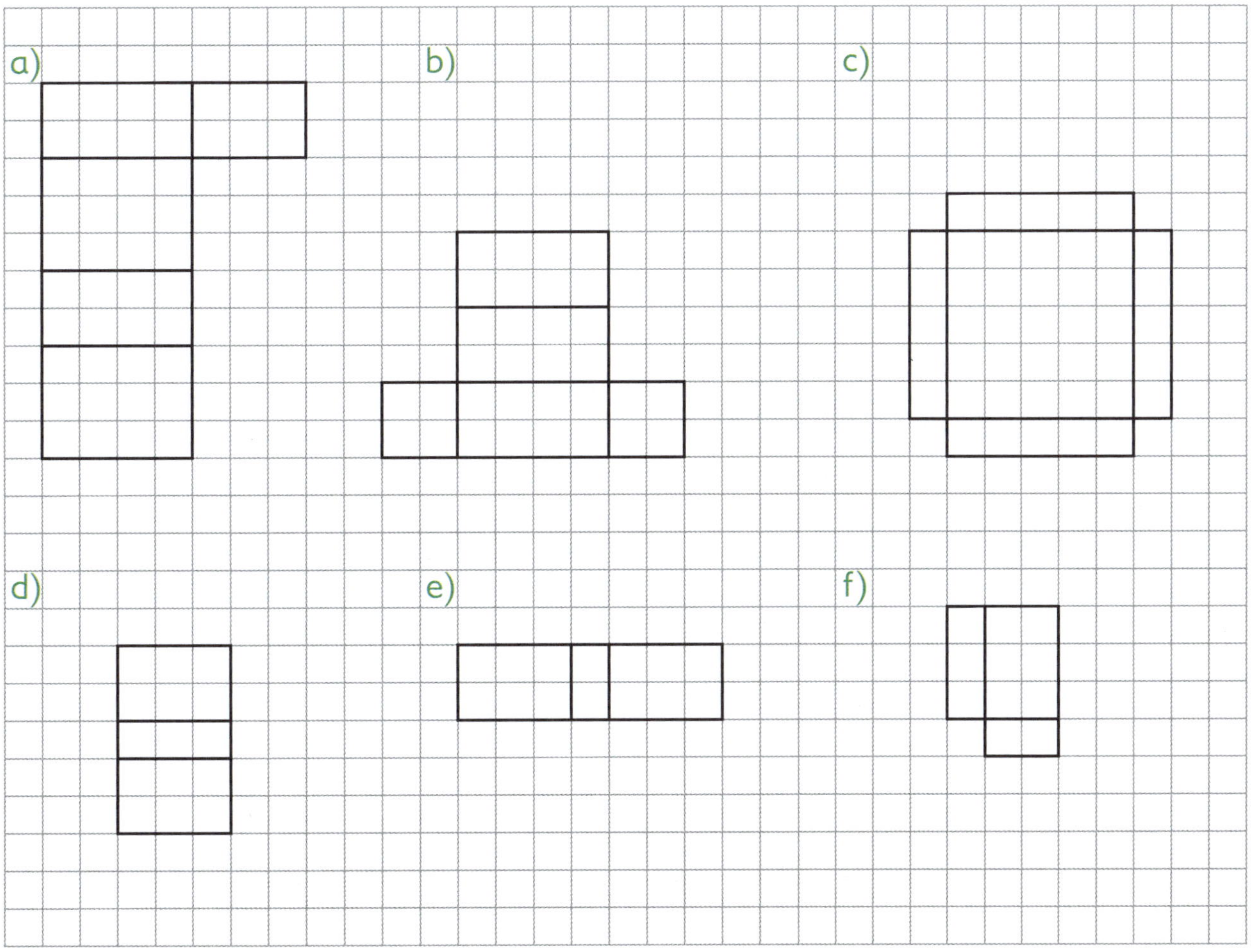

a) b) c)

d) e) f)

1: Gegenüberliegende Seiten erkennen und mit gleicher Farbe ausmalen
2: Quadernetze vervollständigen

Zeichnen und Bauen

1 Zeichne die Würfel fertig.

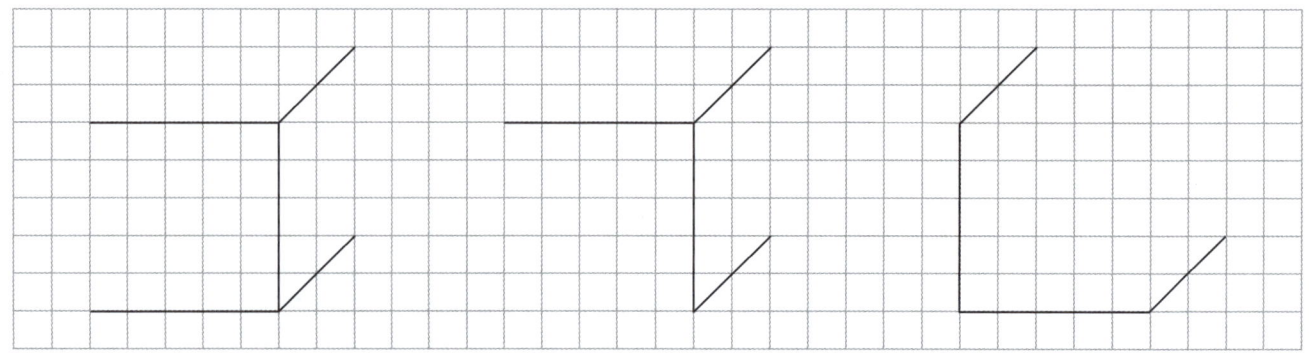

2 Zeichne die Quader fertig.

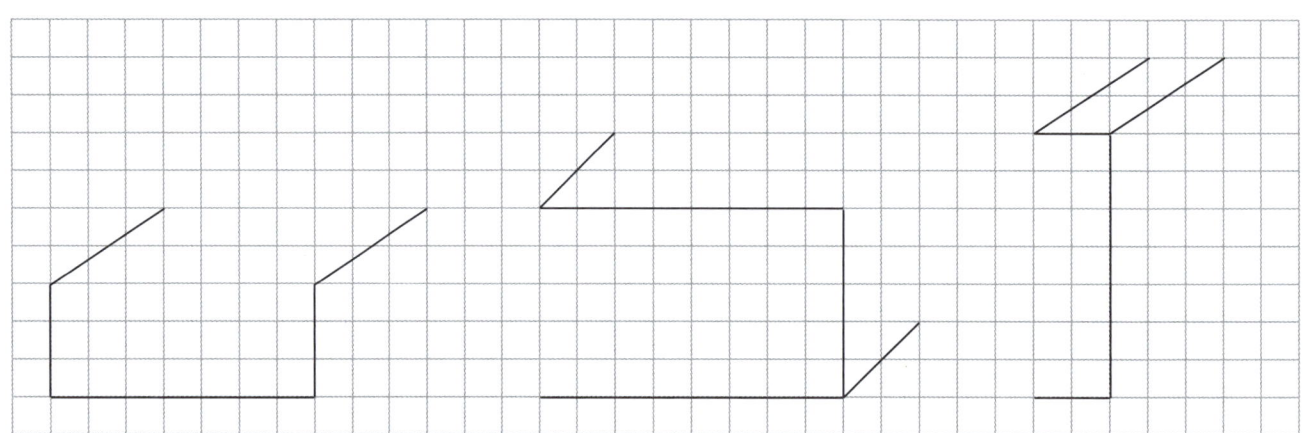

3 Baue mit Würfeln diesen Quader fertig.

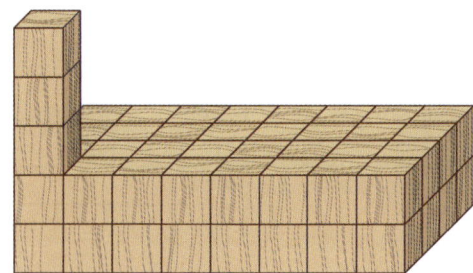

a) Wie viele Würfel benötigst du noch?

⬚ Würfel

b) Wie viele Würfel hast du insgesamt benötigt?

⬚ Würfel

4 Auf diese Grundplatte werden noch 5 gleiche Platten gelegt.

a) Was für ein Körper entsteht dann?

Antwort: _____

b) Aus wie vielen Würfeln besteht dieser Körper?

Er besteht dann aus ⬚ Würfeln.

Pyramide – Zylinder – Kegel

1 Trage die Namen der Körper sowie die Anzahl der Ecken und Kanten in die Tabelle ein.

Körper	Name	Anzahl der Ecken	Anzahl der Kanten
a			
b			
c			
d			
e			
f			

2 Male aus.

Zylinder — rot
Pyramide — grün
Kegel — gelb
Quader — blau
Kugel — schwarz

3 Male den Körper und das passende Körpernetz mit der gleichen Farbe aus.

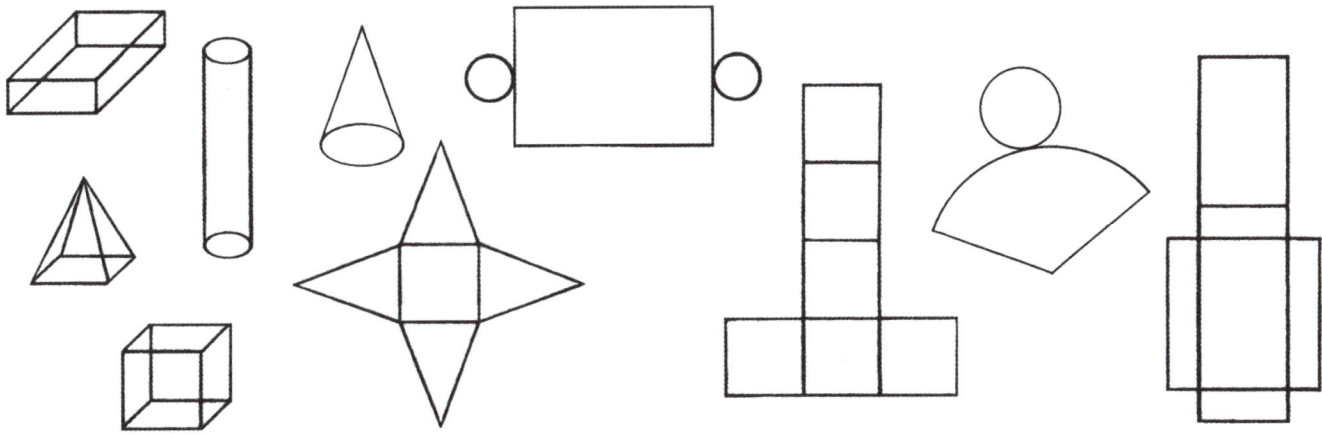

1: Namen den Körpern zuordnen, Anzahl der Ecken und Kanten bestimmen
2: Körper erkennen und in den angegebenen Farben färben   3: Körpernetze den Körpern zuordnen und färben

Addieren und Subtrahieren

1 a) 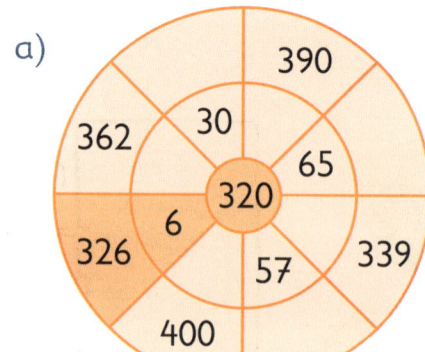   b)   c)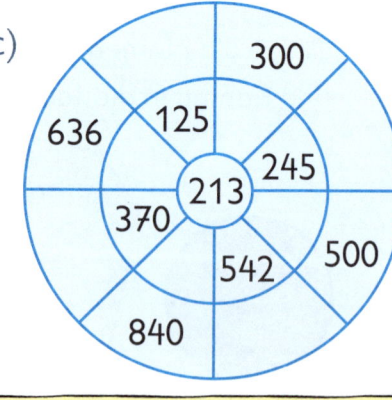

15 19 37 42 52 63 70 80 87 287 338 350 377 385 423 458 583 627 639 657 667 700 755

2 Immer zwei Aufgaben haben dasselbe Ergebnis. Male mit der gleichen Farbe aus.

| 218 + 8 | 645 − 28 | 300 − 74 | 846 − 423 |

| 615 + 45 | 766 − 106 | 680 − 63 | 350 + 73 |

3 a) 329 + 287   b) 292 + 87 + 126   c) 603 − 87 − 213

303   505   616   638   Aufpassen! Ein Ergebnis ist falsch.

4 a) Würfle mit drei Würfeln.
Bilde aus den Augen die kleinste und die größte Zahl. ▢ , ▢

b) Addiere die beiden Zahlen. ▢ + ▢ = ▢

c) Subtrahiere die beiden Zahlen voneinander. ▢ − ▢ = ▢

d) Wiederhole a) bis c) drei Mal. Trage deine Ergebnisse unten ein. Was stellst du fest?

1. Mal: 2. Mal: 3. Mal:

a)   a)   a)
b)   b)   b)
c)   c)   c)

Bei den Ergebnissen zu b) fällt mir auf: _____

Bei den Ergebnissen zu c) fällt mir auf: _____

Multiplizieren und Dividieren

1
a) 3 →·5→ ☐ →·2→ ☐ →·7→ ☐ →·4→ 840
b) 4 →·3→ ☐ →·5→ ☐ →·8→ ☐ →·2→ 960
c) 1 000 →:2→ ☐ →:5→ ☐ →:4→ ☐ →:5→ 5
d) 800 →:4→ ☐ →:5→ ☐ →:2→ ☐ →:10→ 2

2 Verbinde mit dem richtigen Ergebnis.

a)
4 · 17	152
8 · 19	512
5 · 35	68
64 · 8	175
38 · 7	552
92 · 6	266

b)
96 : 8	13
120 : 5	150
78 : 6	12
287 : 7	24
600 : 4	41
45 : 3	15

3

„Punktrechnung geht vor Strichrechnung."

„Aber erst kommt die Klammer dran!"

a) 4 · 3 + 4 = ☐
15 : 5 + 6 = ☐
30 + 48 : 6 = ☐
42 − 4 · 5 = ☐
56 − 7 · 8 = ☐

b) 5 · (2 + 6) = ☐
7 · (8 − 4) = ☐
(6 − 1) · 9 = ☐
66 : (10 − 4) = ☐
48 : (10 − 4) = ☐

c) 6 · (54 − 4) = ☐
2 · 32 − 4 = ☐
8 · 40 + 9 = ☐
(34 − 25) · 40 = ☐
60 : 3 + 36 = ☐

0
8
9
11
16
22
28
38
40
45
56
60
300
329
360

4 Setze die Rechenzeichen + − · : richtig ein.

a) 4 ◯ 5 ◯ 6 = 14
30 ◯ 6 ◯ 8 = 40
12 ◯ 3 ◯ 9 = 4
24 ◯ 4 ◯ 3 = 18
100 ◯ 5 ◯ 20 = 40

b) 30 ◯ 3 ◯ 25 = 65
180 ◯ 60 ◯ 6 = 18
70 ◯ 6 ◯ 210 = 210
18 ◯ 18 ◯ 36 = 0
60 ◯ 5 ◯ 100 = 3

1 bis 4: Kenntnisse über die Grundrechenarten und Rechenregeln flexibel anwenden
LB 130–131 TÜ 63–64

Addieren und Subtrahieren – Sachaufgaben

1 Familie Glaser kommt aus Stralsund.
Zuerst besuchen sie Freunde in Berlin.

Von dort fahren sie nach Hamburg.
Zuletzt besuchen sie die Oma in Hannover.

Wie viele Kilometer sind sie
insgesamt gefahren?

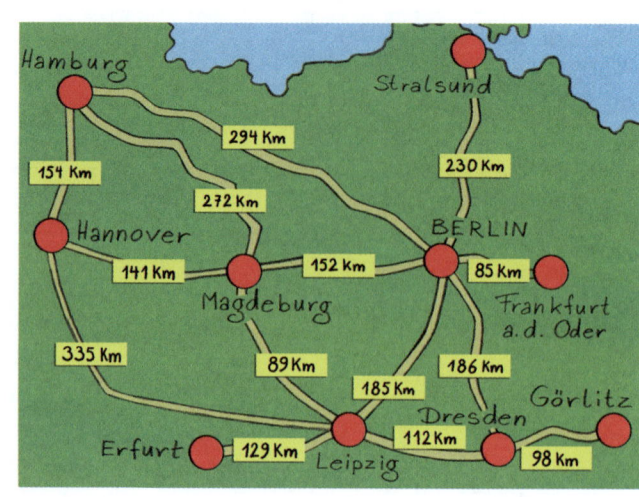

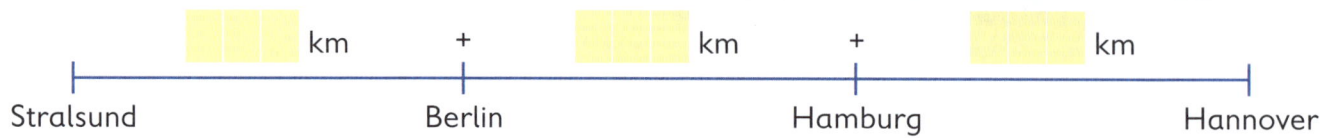

Stralsund   Berlin   Hamburg   Hannover

Aufgabe: Antwort: _____

2 Frau Knut möchte von Hamburg nach Dresden fahren.
Probiere verschiedene Wege aus. Welcher Weg ist der kürzeste und wie lang ist er?

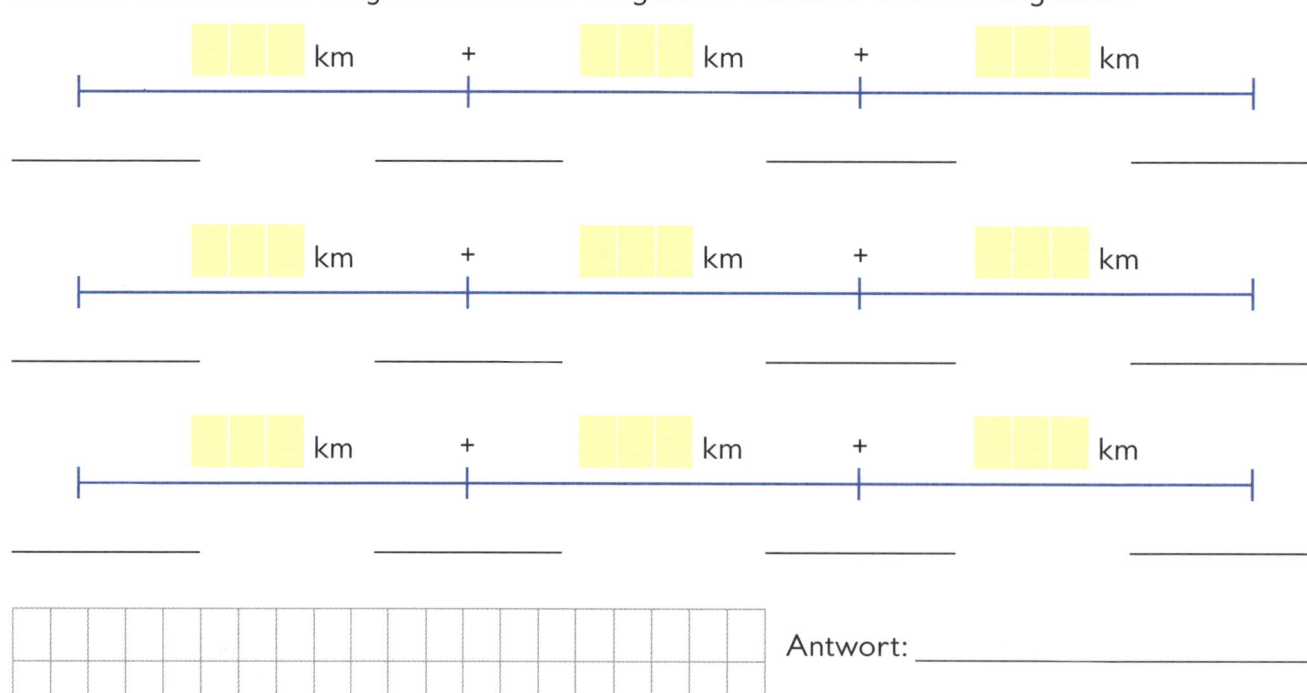

Antwort: _____

1 Tom war mit seinen Eltern auf einer Städterundreise.

a) Nach der Reise will er sein Reisetagebuch vervollständigen. Schau auf der Reisekarte nach und trage ein.

b) Wie viele Kilometer ist die Familie in der ersten Wochenhälfte (Mo – Mi) gefahren?

c) Sind sie in der zweiten Wochenhälfte (Fr – So) mehr Kilometer gefahren?

Mein Reisetagebuch		
Tag	Strecke	Entfernung
Mo	Görlitz – Dresden – Leipzig	210 km
Di	Leipzig – Erfurt – Leipzig	
Mi	Leipzig – Magdeburg – Hannover	
Do	Ruhetag	
Fr	Hannover – Hamburg	
Sa	Hamburg – Berlin	
So	Berlin – Dresden – Görlitz	

Aufgaben b) und c):

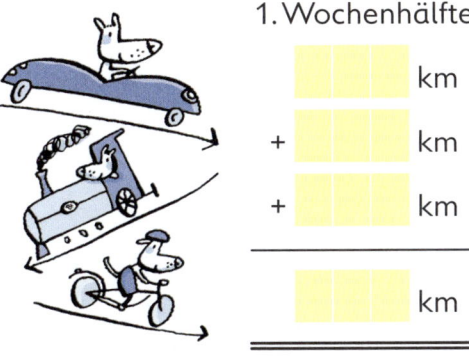

1. Wochenhälfte

☐☐☐ km
+ ☐☐☐ km
+ ☐☐☐ km
─────────
☐☐☐ km

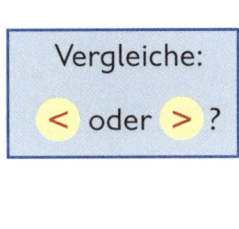

Vergleiche:
< oder > ?

2. Wochenhälfte

☐☐☐ km
+ ☐☐☐ km
+ ☐☐☐ km
─────────
☐☐☐ km

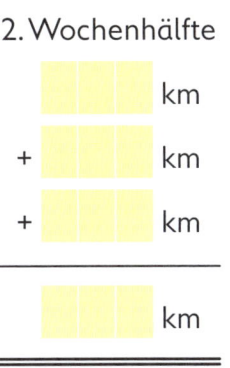

Antworten b) und c): _____

2 Erzähle eine Rechengeschichte. Die Reise beginnt in einer Stadt, führt durch zwei weitere Städte und endet in einer dritten. Suche dir die Städte auf der Reisekarte aus.

Rechengeschichte: _____

_____

_____

Fertige eine Skizze an und berechne die Länge des Reiseweges:

☐☐☐ km + ☐☐☐ km + ☐☐☐ km

Aufgabe:

Antwort: _____

Multiplizieren und Dividieren – Sachaufgaben

1 Auf dem Parkplatz vor dem Zoo stehen 30 Reihen für je 25 PKW zur Verfügung. Für Reisebusse gibt es nur 12 Reihen mit jeweils 20 Plätzen.
Wie viele Fahrzeuge können insgesamt auf dem Platz parken?

Aufgabe:

Antwort: _____

2 Der Kassierer am Parkplatz hat 169 Parkkarten für PKW und 96 für Busse verkauft. Wie viel Geld hat er eingenommen?

Aufgabe:

Antwort: _____

3 In der Aquariumhalle des Zoos wird ein Aquarium gereinigt. In dem Aquarium sind 940 l Wasser. Der vierte Teil dieser Wassermenge ist bereits abgelassen.
Wie viele Liter Wasser sind noch im Aquarium?

Aufgabe:

Antwort: _____

1 Für den Zoobesuch hat die Lehrerin von den 40 Kindern der 3. Klassen insgesamt 320 € eingesammelt. Wie viel Euro hat jedes Kind bezahlt?

Aufgabe:

Antwort:

2 Für die Fütterung der Tiere im Streichelzoo benötigt der Tierpfleger täglich 70 kg Gemüse. Im Lager sind davon noch 560 kg vorhanden. Reicht diese Menge für eine Woche?

Aufgabe:

Antwort:

3 Der Tierpfleger bringt mit dem LKW Löwen aus dem Leipziger Zoo in den Rostocker Zoo. Die Tankanzeige im Auto meldet, dass im Tank noch 160 l Diesel sind. Die Fahrstrecke von Leipzig bis Rostock beträgt 350 km. Reicht der Tankinhalt für die Hin- und Rückfahrt, wenn das Auto 20 l pro 100 km verbraucht?

Aufgaben:

Antwort:

4 Zwei Wände im Zookino werden mit Holzplatten neu verkleidet. Eine Wand ist 960 cm breit. Dafür will der Tischler Platten mit einer Breite von 60 cm verwenden. Die andere Wand ist nur 720 cm breit. Hier nimmt er Platten, die 40 cm breit sind. Wie viele Platten werden von jeder Sorte benötigt?

Aufgaben:

Antwort:

Inhaltsverzeichnis

Addieren und Subtrahieren	1
Multiplizieren und Dividieren	3
Multiplizieren und Dividieren – Dividieren mit Rest	4
Addieren, Subtrahieren, Multiplizieren und Dividieren	5
Sachaufgaben – Im Schulgarten	6
Die Hunderterzahlen	7
Die Zehnerzahlen	8
Alle Zahlen bis 1000	9

Geldwerte bis 1000 Euro	10

Strecken und Punkte	11
Strecken, die zueinander parallel sind	12
Strecken, die zueinander senkrecht sind	13

Addieren und Subtrahieren mit Hunderterzahlen	14
Addieren und Subtrahieren mit Zehnerzahlen und dreistelligen Zahlen	15
Addieren und Subtrahieren von Zehnern – Hunderterübergang	16
Addieren und Subtrahieren mit einstelligen und dreistelligen Zahlen	17
Addieren und Subtrahieren mit zweistelligen und dreistelligen Zahlen	18
Addieren und Subtrahieren	19
Sachaufgaben – Besondere Wörter	20

Kilometer – Meter – Dezimeter – Zentimeter – Millimeter	22

Addieren und Subtrahieren mit Zehnerzahlen	23
Addieren und Subtrahieren mit dreistelligen Zahlen	24

Kilogramm – Gramm	25
Liter	26

Überschlagsrechnung	27
Addieren ohne Übertrag	28
Addieren mit Übertrag	29
Subtrahieren ohne Übertrag – Ergänzen/Abziehen	30
Subtrahieren mit Übertrag – Ergänzen/Abziehen	31
Subtrahieren mit Übertrag	32
Addieren und Subtrahieren	33
Addieren und Subtrahieren – Sachaufgaben	35
Daten in Tabellen und Diagrammen	36
Kombinieren	37

Rechnen mit Größen – Kommaschreibweise	38

Vierecke – Dreiecke	39
Parallelogramme	40

Vielfache und Teiler einer Zahl	41
Multiplizieren und Dividieren mit 10 und mit 100	42
Multiplizieren und Dividieren mit Zehnerzahlen	43
Punktrechnung und Strichrechnung in einer Aufgabe	44
Aufgaben mit Klammern	45
Multiplizieren zweistelliger Zahlen mit einstelligen Zahlen	46
Dividieren zweistelliger Zahlen durch einstellige Zahlen	47
Multiplizieren und Dividieren	48

Vergleichen von Flächen	49
Vergrößern – Verkleinern	50
Zeichnen von Kreisen	51
Achsensymmetrische Figuren	52
Achsensymmetrische Figuren – Bandornamente	53

Multiplizieren zweistelliger Zahlen mit Zehnerzahlen	54
Multiplizieren ohne Übertrag	55
Multiplizieren mit Übertrag	56
Dividieren dreistelliger Zahlen durch einstellige Zahlen	57
Multiplizieren und Dividieren	58

Minuten – Sekunden – Uhrzeit	59
Alle Einheiten der Zeit – Zeitpunkt und Zeitdauer	60

Würfel – Quader	61
Würfelnetze	62
Quadernetze	63
Zeichnen und Bauen	64
Pyramide – Zylinder – Kegel	65

Addieren und Subtrahieren	66
Multiplizieren und Dividieren	67
Addieren und Subtrahieren – Sachaufgaben	68
Multiplizieren und Dividieren – Sachaufgaben	70

An der Seitenfarbe kannst du erkennen, worum es gerade geht:
Zahlen und Operationen
Größen
Geometrie

Die Aufgaben sind so nummeriert: ①

Hier ist es etwas schwieriger: ②

So erkennst du eine knifflige Aufgabe: ③

Auf den gelben Zetteln findest du die Lösungen: 11 13 14 16 19